### Echerbot de Cossé du Vivien.

V. d'Escharbot.

### Echigné (de l').

V. Epron.

### Echully (d').

V. de Selle.

### Ecottaie (de l').

V. Bachelier.

### Ecotais (des).

V. des Escotays. — Mondamer.

### Ecouflant (d').

V. Guyot.

### Ecuillé (d') de Monceaux, — de Ville-Prouvée.

*De sable au pal d'argent à la bande d'azur.*

Roger, mss. 995, p. 16. — Gencien, mss. 996, pp. 31, 37. — Armorial mss. de 1608, p. 22. — Audouys, mss. 994, p. 68. — V. Le Pauvre.

### Ecuillé (d') des Corses, — de la Mure.

*D'argent à une bande engrelée supportant une fasce aussi engrelée, le tout de sable.*

Mss. 439 et 993. — V. du Plessis. — de Thouraude. — Chivré. Bourré.

## Effiat (Coiffier-Rusé d'), maréchal de France.

*De queules au chevron d'argent chargé d'une fasce ondée d'azur accompagnée de trois lionceaux d'or posés deux et un.*

Gohory, mss. 972, p. 115.

## Effretiére (de l').

V. Lanier.

## Effrière (de l').

V. Guitteau.

## Elbée (d').

La Chesnaye-des-Bois, tome VII, p. 198, donne à une famille d'Elbée : *D'argent à trois fasces de gueules.*

## Elbéne (d') des Ormes-Saint-Martin ; — dont Nicolas, maître d'hôtel de Louis XII en 1510 ; un évêque d'Agen † en 1663 ; un évêque d'Orléans en 1665.

*D'azur à deux bâtons fleurdelisés d'argent en sautoir.*

P. Anselme, p. 397. — Audouys, mss. 994, p. 67. — Gencien, mss. 996, p. 33. — Gohory, mss. 972, p. 116.

## Eliand ou Eliens.

*D'azur à trois aigles d'or.*

Sceau. — V. Heliand.

## Elie.

*D'azur à un manteau d'hermines.*

D'Hozier, mss., p. 1261.

## Elys.

V. Eslys.

## Emereaux (des).

V. Charlot. — Le Clerc.


## Emery.

*Fascé d'or et de sinople de six pièces.*

D'Hozier, mss., p. 1027.


## Enaud.

V. Esnaud.


## Enaudière (de l').

V. Chevalier.


## Enfant (de l') de Louzil ; — dont un brigadier de cavalerie en 1770.

*D'azur à une bande d'argent et deux cotices d'or posées de même.*

De Courcy, Armorial de Bretagne. — Mss. 993. — V. Louzil.


## Engente (d').

V. Bigot.


## Enghien (d').

*Gironné d'argent et de sable chargé de trois croix fichées d'or.*

Mss. 995, p. 60.


## Entrames (d').

V. de Maillé. — Birague. — Mareil.


## Entre-deux Bois (d').

V. de Savonnière.

## Epeigne (d') de Vernevelle, — de l'Aubonnière.

*D'azur à un peigne double d'argent posé en fasce, accompagné de trois étoiles d'or deux en chef et une en pointe.*

Audouys, mss. 994, pp. 136, 67. — Mss. 439. — Armorial mss. de 1608, p. 22. — Mss. 995, p. 108. — Gohory, mss. 972, p. 80.

## Epernon (d').

V. de Nogaret.

## Eperonnière (de l').

V. Carion. — de l'Esperonnière.

## Epervière (de l').

V. Haran.

## Epigny (d').

V. de Pierres.

## Epinay (de l').

*D'argent au lion de gueules couronné d'or.*

Mss. 993. — V. de la Marqueraye — de Poncé. — de Morant. — Pelaud. — de Cumont. — de la Haye. — de la Corbière. — Le Marié. — Gaborin. — Montberon. — Simon. — Rabeil. — Goureau. — Drouillard. — Lefebvre. — de Crochard. — de l'Espinay.

## Epinay-Barbier (de l').

*D'azur à une croix pattée d'argent.*

D'Hozier, mss , p. 1031.

## Epine (de l').

V. de la Chevallerie. — Le Loup. — de l'Espine.

## Epinettes (des).

V. de la Grüe.

## Epineux (de l').

V. de Baïf.

## Epinière (de l').

V. Chauvigny. — de l'Espinière. — de Contades. — Fleuriot.

## Epron.

*De gueules à trois molettes d'éperon d'argent, posées deux en chef et une en pointe.*

D'Hozier, mss., p. 310.

## Epronnière (de l').

V. de l'Esperonnière.

## Erbrée (d').

V. Sourdrille.

## Ercé (d').

V. de Hercé. — de Martel.

## Ergonne (d').

V. d'Argogne.

## Erian (d').

*De gueules à la fasce vivrée d'hermines et accompagnée de trois têtes de lion d'or.*

Mss. 995, p. 54. — Gencien, mss. 996, p. 34.

## Erigné (d').

V. d'Angennes. — Arthault. — Gencien. — Pelaud. — de Montberon. — d'Avoir.

## Ernault.

*D'or au lion lampassé de gueules.*

Mss. 993.

*D'azur à une fasce d'or accompagnée en chef de deux étoiles de même et en pointe d'une rose d'argent.*

D'Hozier, mss., p. 885.

## Ernault de la Daumerie, — de Charost, — de la Braudière, — de Vaufoulon ; — dont Jacques, maire d'Angers en 1600 et 1607, doyen des conseillers au présidial ; deux autres conseillers ; trois chevaliers de Saint-Louis ; Jean-Louis, capitaine au régiment des grenadiers d'Espinasse en 1723 ; Eugène, capitaine au régiment d'Aquitaine en 1764 ; Gustave, officier supérieur, démissionnaire en 1830, chevalier de Saint-Louis, de la Légion d'honneur et de Saint-Ferdinand d'Espagne.

*Parti au premier d'or à une aigle à deux têtes de gueules,* qui est Goureau ; *coupé d'argent à une tête de loup arrachée de sable ; et au deuxième d'argent à un lion de gueules,* qui est Ernault.

Supports : *Deux lions.*

D'Hozier, mss., pp. 136, 123, 68. — Audouys, mss. 994, p. 68. — Gencien, mss. 996, p. 6. — Mss. 703. — Gohory, mss. 972, pp. 157, 159.

## Ernisson (d').

V. d'Argoust.

## Ernouf du Breil.

*D'azur à trois aigles éployées d'argent.*

Sceau.

## Erquency (d').

*De gueules à deux fasces d'hermines et trois besans de même en chef.*

Gencien, mss. 996, p. 37.


## Errault de la Panne, — de Chemans; — dont François, chancelier de France en 1543, né à Durtal; Hervé, maître d'hôtel du duc d'Orléans en 1519; un premier président de la Chambre des comptes de Bretagne.

*D'azur à deux chevrons d'or.*

De Maude, Armorial du Mans, p. 128. — Audouys, mss. 994, p. 69. — Cette maison écartelait *aux deux et trois de Bouillé et sur le tout de Tigné.* — Gencien, mss. 996, p. 37, donne aux Errault de Chemans :

*D'azur au chevron d'or accompagné en chef de deux étoiles et en pointe d'un croissant de même.*

V. Ayrault qui porte les mêmes armes, et Hereau, Erreau.


## Erreau de la Nevoire, — de la Jarye, — de la Myothière, — de la Girouardière, — de la Brosse, — de la Bastardière, — de la Petite-Orchère.

*D'azur à la bande d'argent accostée de deux étoiles d'or, la pointe rompue.*

Armorial mss. de 1608, p. 21. — Roger, mss. 995, p. 11. — Audouys, mss. 994, p. 68. — Mss. 995, p. 115. — Gencien, mss. 996, p. 37. — Gohory, mss. 972, p. 58. — V. Ayrault. — Errault. — Hereau.


## Erreau de Chanzeaux.

*D'argent à une bande de gueules accompagnée de deux molettes de même, une en chef et une en pointe.*

D'Hozier, mss., p. 571. — Le même, p. 561, donne à Julien Errault, conseiller à la prévôté d'Angers, *la bande d'azur...* — V. Ayrault. — Hereau. — Errault.


## Ervau (d').

V. Le Large.

## Escayeul (d') de Capecure, — de la Motte.

*Coticé d'argent et de gueules de huit pièces.*

Audouys, mss. 994, p. 68.


## Escharbot (d') de Cossé-le-Vivien, — de Petite-Ville.

*Vairé d'argent et d'azur.*

Gaignières, Armorial mss., p. 14. — Armorial mss. de 1608, p. 22. — Roger, mss. 995, p. 16. — Mss. 995, pp. 61, 37, indique ainsi qu'Audouys *une bande de gueules pour brisure des puînés.* — Audouys, mss. 994, p. 68. — Gohory, mss. 972, p. 38. — Gencien, mss. 996, p. 37. — V. Cornuau. — Le Maczon. — Poyet.


## Eschelles (des).

*De gueules à trois fasces d'argent.*

Audouys, mss. 994, p. 69. — Gencien, mss. 996, p. 37.


## Escheneau (de l').

V. de l'Echenau.


## Eschenilly (d').

V. du Pont.


## Escherbot.

V. d'Escharbot.


## Esclau (de l') de la Barrée.

*D'or à une fasce de sable écartelé de sable à une bande d'or.*

D'Hozier, mss., p. 1530.

**Escolin** (d') du Plessis-de-Chivré, — de Fonte-naille, — de Cherré.

*D'argent au griffon de gueules, armé, couronné et lampassé de même.*

Armorial mss. de 1608, p. 22. — Audouys, mss. 994, pp. 161, 67. — Gaignières, Armorial mss., p. 12. — Mss. 995, p. 99. — Gencien, mss. 996, p. 34.

**Escotays** (des) de Chantilly, — de Jublains, — de la Chevalerie, — d'Ingrande, — d'Azé, — de Bernières, — de Ferrières; — dont deux chevaliers de Malte en 1586 et 1686.

*D'argent à trois quintefeuilles de gueules.*

Supports : *Deux lions.*

Audouys, mss. 994, p. 68. — Mss. 439 et 763. — Gencien, mss. 996, p. 37. — V. Doublard. — d'Andigné.

**Escoublandiére** (de l').

V. Megrets.

**Escoublant** (d') de la Touche, — de la Sorinière, — de Saint-Pierre-de-Cholet, — de la Hardière; — dont Guyon taxé un écu entre les nobles de Beaupréau pour la rançon du roi Jean en 1360; Olivier, chevalier de Malte en 1595.

*D'azur à deux escoubles ou aigles essorantes d'argent mises en fasce côte à côte, membrées et becquées de sable.*

Mss. 439. — Armorial mss. de 1608, p. 22. — Armorial mss. de Dumesnil, p. 14. — Audouys, mss. 994, p. 68. — Gohory, mss. 972, p. 69. — Roger, mss. 995, p. 12 ; Audouys, mss. 994, p. 67, et Gencien, mss. 996, p. 33, disent... *de sable au lieu d'azur...* — Le mss. 703 dit simplement :

*De gueules à deux aigles d'argent mises en fasce.*

**Escoubleau** (d') de Sourdis, — du Plessis, — du Greix, — de la Morandière, — de la Motte.

*Parti d'azur et de gueules à la bande d'or, brochant sur le tout.*

P. Anselme, pp. 397, 378. — Mss. d'Orléans. — Audouys, mss, 994, p. 69. — Gencien, mss. 996, p. 37.

**Escoublère** (de l').

V. de Salles. — Le Peigné. — du Guesclin.

**Escrivain** (de l') de Saint-Marc, — de la Richardière, — des Vairies, — de la Garenne, — de Chanteloup, — du Bois-Noblet.

*D'azur au chevron d'or accompagné de trois roses de même.*

De Courcy, Armorial de Bretagne. — V. Lescrivain.

**Escuillé** (d').

V. d'Ecuillé.

**Esculard** (d').

V. de Cordon.

**Escumont** (d').

V. de Cumont.

**Esglorière** (de l').

V. Hocquedé.

**Eslans** (d').

*De... à l'aigle de...*

Tombeau du xive siècle. — Eglise de Jarzé (Gaignières, portefeuille à Oxford).

## Esliand (d').

V. d'Heliand.

## Eslys de la Renardière, — des Roches, — de Riou, — de Guilleron ; — dont Jean, maire d'Angers en 1659 et Adam aussi maire d'Angers en 1633.

*D'argent à la croix pattée et alaisée de gueules, accompagnée de quatre roses de même.*

Audouys, mss. 994, p. 68. — Mss. 993. — Gencien, mss. 996, p. 78. — Gohory, mss. 972, p. 161.

## Esmay (d').

V. de la Brosse.

## Esnault.

*De gueules à une croix ancrée d'or.*

D'Hozier, mss., p. 881.

*Fascé d'or et d'azur de six pièces.*

D'Hozier, mss., p. 896.

## Esnault de la Girardière ; — dont Pierre, conseiller au présidial de Châteaugontier en 1707.

*D'azur à l'aigle à deux têtes accompagnée en chef de trois étoiles d'or.*

Mss. 993.

## Espagne (d') de la Tindronnière.

*D'or à une bande de sable écartelé de sable à une bande d'or.*

D'Hozier, mss., p. 1514.

**Esparbez** (d') de Lussan, — de Bouchard, — d'Aube-terre ; — dont Léontine, abbesse du Ronceray en 1790.

*D'argent à la fasce de gueules accompagnée de trois merlettes de sable posées deux et une.*

P. Anselme, tome VII.

**Espeaux** (d') de Salonge.

*D'azur à une gerbe d'or.*

D'Hozier, mss., p. 688.

**Espeaux** (d') du Coudray, — de la Roche-Hue, — de Chemillé, — de Beaupréau.

*Vairé d'argent et de gueules de huit pièces.*

Mss. 439. — Mss. 995, p. 72. — Mss. 993. — Roger, mss. 995, p. 3, dit... *vairé d'argent et d'azur...* — Le mss. 995, p. 108, dit : *cinq pièces à un croissant d'azur sur la première.*
.V. L'Enfant.

**Espeaux** (des).

*D'argent à trois fasces ondées d'azur ou de sable.*

Mss. 993. — V. de Pierres.

**Espeigny** (d').

V. de Gouffier.

**Esperon** (d') de la Perdrillère, — des Cartes.

*De sable à la croix fleuronnée d'argent.*

Audouys, mss. 994, p. 69. — V. Espron. — Épron.

**Esperonnière** (de l') de la Roche-Bardoul, — de Chemillé, — du Haleric, — de Vrin, — du Coudray, — de la Sansonnière, — de la Saulaie, — de Fauconnière, —

du Chatelier, — de Vezins ; — dont Anne-Sophie, fondatrice des Visitandines, à Madrid, en 1748 ; et Gabrielle, supérieure générale du Calvaire en 1622 ; un conseiller au Parlement de Bretagne en 1752.

*D'hermines à un fretté de gueules de six pièces, au chef losangé d'or et de gueules.*

Maintenant la famille supprime le *chef* et porte :

*D'hermines fretté de gueules.*

Mss. 439. — Gencien, mss. 996, p. 46. — Armorial mss. de 1608, p. 22. — Armorial mss. de Dumesnil, p. 14. — Roger, mss. 995, p. 2. — D'Hozier, mss., pp. 163, 84. — Audouys, mss. 994, p. 101. — Mss. 995, p. 101. — D'Hozier, mss., p. 126, donne au seigneur de l'Esperonnière de la Roche-Bardoul les armes suivantes :

*De gueules à neuf molettes d'éperon d'or posées trois, trois, trois.*

V. de Baïf. — Colas. — de Carion. — de Scépeaux. — de Saint-Offange.

## Espinaingre (de l').

V. Le Porc.

## Espinal.

*D'azur semé de fleurs de lis d'or à une croix pleine d'argent brochant sur le tout.*

Gencien, mss. 996, p. 35.

## Espinay (de l') de la Haute-Rivière, — de la Jaullaie, — de Villatte, — de Ribou.

*D'argent à la fasce de gueules au lion de sable brochant sur le tout, armé, lampassé et couronné de gueules*

Mss. 439. — Mss. 995, p. 93. — Gencien, mss. 996, p. 46. — Audouys, mss. 994, p. 105. — D'Hozier, mss., pp. 103, 105. — L'Armorial mss. de Dumesnil, p. 16, donne une *bande...* au lieu d'une *fasce* aux branches de Villatte et de Haute-Rivière. — L'Armorial mss. de d'Hozier, p. 979, donne aux de l'Espinay de la Haute-Rivière les armes suivantes :

*De sable à un chevron d'argent accompagné de trois macles de même.*

---

**Espinay** (de l') de Blaison, — de la Marche, — de Cartes, — de Durtal ou Durestal, — de la Basse-Rivière, — de Vaucouleurs, — de Rochefort, — de Mathefelon, — des Cures, — de Maumusson, — de Griffet, — de Grand-Bois, — de Segré, — de la Couyère, — de Courléon, — de Chemillé, — de Saint-Michel-sur-Loire ; — dont Alain, croisé en 1248 ; Jacques évêque de Rennes † en 1482 ; André, cardinal, évêque et archevêque d'Arles, de Bordeaux et de Lyon † en 1500 ; Jean, évêque de Mirepoix, de Nantes et de Léon † en 1503 ; Jean, évêque de Valence ; Guillaume, évêque et duc de Laon ; Robert, évêque de Nantes † en 1493 ; Françoise, sœur des précédents, abbesse de Saint-Georges de Rennes † en 1583.

*D'argent à un lion coupé de gueules et de sinople.*

Devise : *Repellam umbras.*

Gohory, mss. 972, p. 61. — Mss. 995, p. 101. — Gencien, mss. 996, p. 33. — Les mss. 439 et 703, Audouys, mss. 994, pp. 67, 68, et le P. Anselme, p. 399, ajoutent : *armé, couronné et lampassé d'or.* — Roger, mss. 995, p. 19, et l'Armorial mss. de 1608, p. 22, donnent aux de l'Espinay de la Basse-Rivière : *D'argent au lion coupé de gueules et de sinople bordé de sable ;* les cadets de cette maison brisaient : *D'une bande d'azur semée de fleurs de lis d'or.* — De Courcy, Armorial de Bretagne.

## Espinay (de l') de Landeronde.

*De gueules fretté d'or au canton dextre d'argent chargé d'un croissant de sable.*

Mss. 993.

## Espinay (de l').

*De sinople à un pal d'argent, écartelé d'argent à une fasce de sinople.*

D'Hozier, mss., p. 1513. — V. Le Marié. — d'Andigné. — Morand. — de Lespinay et l'Epinay. — de Schomberg. — Plaut. — de Cumont.

### Espinay-Saint-Luc (d') des Hayes, — de Crève- cœur, — de Mézières.

*D'argent à un chevron d'azur chargé de onze besans d'or.*

P. Anselme, p. 399. — Audouys, mss. 994, p. 69. — Gencien, mss. 996, p. 37, dit... *douze besans.*

### Espine (de l') de Beauchesne, — de la Tousche, — de la Mallaumesne, — du Haut-Chataigner, — de Boullitourne, — de Louzil, — de la Gedouinnière, — du Coudray, — de Gedouinne, — de la Masière; — dont Guillaume, maire d'Angers en 1484.

*D'azur à deux aigles éployées d'argent posées en chef, au cygne d'argent en pointe.*

Audouys, mss. 994, p. 101.

### Espine (de l'); — dont Françoise, abbesse de Nyoiseau en 1502-1522.

*De... à six billettes de... posées trois, deux et une.*

Sculpt. xvie siècle à l'abbaye de Nyoiseau.

### Espinière (de l') de Bauné.

*Fascé d'argent et de gueules de six pièces, les fasces d'argent chargées de huit floquets d'hermines posés quatre, trois et un, et entre les quatre floquets du chef, trois tourteaux de gueules.*

Audouys, mss. 994, p. 106. — Armorial mss. de 1608, p. 22. — Gaignières, Armorial mss., p. 11. — Roger, mss. 995, p. 20, n'indique pas *les hermines et les tourteaux.* — V. Chauvigny. — Fleuriot. — de Contades.

### Espissac (d').

*Palé d'argent et d'azur de six pièces.*

Audouys, mss. 994, p. 67.

**Espivent** de la Villeboisnet, — de Mallebrousse, — de Péran, — des Aulnais.

*D'azur à une molette d'éperon d'or, accompagnée de trois crois-sants montants d'or, deux en chef et un en pointe.*

Sceau. — De Courcy, Armorial de Bretagne.


## Espron.

V. Epron.


## Espronnière (de l').

V. de l'Esperonnière.


## Esquetot (d') d'Estelan.

*De gueules à trois épieux ou fers de piques d'or.*
Mss. 995, p. 71.

*D'argent à trois fasces de gueules.*
Audouys, mss. 994, p. 69. — Gencien, mss. 996, p. 37.


## Essarts (des).

V. L'Enfant. — d'Orvaulx. — de Pincé. — de Prezeau. — Cournée. — Barrault. — d'Andigné. — Menou. — Binel. — de Brye.


**Essarts** (le prieuré-cure des) dépendant de l'abbaye de Saint-Georges-sur-Loire.

*Losangé d'or et de sable à une croix alaisée de gueules brochant sur le tout.*

D'Hozier, mss., p. 873.


## Essey (d').

*Gironné d'argent et de gueules de douze pièces sur le tout d'argent.*

Gencien, mss. 996, p. 35.

## Essongère (de l').

V. Barin.


## Essuile (de l').

V. Brandelis.


## Estaing (d') de la Roche-Talbot, — de Saillans, — de Châteaurenault, — de Crozon ; — dont un vice-amiral en 1777.

*D'azur à trois fleurs de lis d'or au chef d'or.*

P. Anselme. — Moreri. — Audouys, mss. 994, p. 70. — Gencien, mss. 996, p. 37. — V. de Staigne.


## Estampes (d') de Valançay, — de la Ferté-Imbault, — de Longué, — d'Etiau, — de Marcé, — de Roisné ; — dont Jean, intendant de la généralité de Tours en 1637 ; Eléonor et Henri, abbés de Bourgueil, 1651 et 1659.

*D'azur à deux girons d'or mis en chevron, la pointe vers le milieu du chef chargés sur leur pointe d'un croissant montant de gueules, au chef d'argent chargé de trois couronnes ducales rangées de gueules.*

Gencien, mss. 996, p. 37. — Audouys, mss. 994, p. 68. — Mss. 995, p. 66. — Gohory, mss. 972, p. 87, et l'Armorial mss. de 1608, p. 22, disent... *trois girons d'azur et deux d'or* et suppriment le *croissant de gueules.*


## Estampes (d') ; — dont François, lieutenant-général en Normandie, Anjou, Maine et Touraine, 1462.

*D'hermine à la bordure de gueules.*

Le Roy d'armes. — Cauvain, p. 88.


## Estang (de l') de Ry.

*D'argent à sept fusées de gueules, quatre en chef et trois en pointe.*

D'Hozier, mss., p. 180. — V. de Gouffier. — Lefebvre. — des Hommeaux. — Neau. — Bedé. — de la Barre. — de Chivré.

## Estanson (d').

*D'azur au lion d'or appuyé sur un tronc de même.*
Mss. 993.

## Estangs (des).

V. Fromentières.

## Estart de Bacardon, — de Villedié.

*De gueules au lion d'argent.*
Audouys, mss. 994, p. 68.

## Estelan (d').

V. d'Esquetot.

## Estival.

V. du Bois.

## Estoille (de l') de Bouillé-Saint-Pol, — de la Grange, — des Roches, de l'Eschasserie, — des Tafaiteries, — de Beauregard (à la Lande-Chasle), — d'Ardancourt, — de Volanpuit.

*D'azur au lion léopardé d'argent surmonté de trois étoiles rangées en chef de même.*

D'autres disent : *Accompagné de trois étoiles posées deux et une.*

Audouys, mss. 994, p. 69. — L'Armorial mss. de Dumesnil, p. 15, dit... *chargé de trois étoiles du fond ou de gueules...*, et comme un sceau ancien (chartrier du château de la Lande-Chasle).

*D'azur à la croix d'or cantonnée aux trois premiers quartiers de trois molettes et au dernier d'un besan de même.*

Le mss. 439 dit... *cantonnée aux premier et troisième quartiers d'une quintefeuille d'or et au quatrième d'un tourteau de même.*

Audouys, mss. 994, p. 108, dit : *D'azur à la croix d'argent cantonnée de trois étoiles d'or et d'un croissant de même placé au troisième canton.*

Les de l'Estoile portent actuellement :

*D'azur à la croix d'or accompagnée aux premier, deuxième et troisième quartiers d'une étoile d'or ; au quatrième d'un croissant d'or.*

Sceaux modernes.

## Estorsière (de l').

V. Auxi.


## Estoubles (des).

V. Ferrand.


## Estournel.

*De gueules à la croix danchée d'argent.*

Généalogie des Créqui. — Mss. 993.


## Estouteville (d'); — dont Guillaume, évêque d'Angers en 1439.

*Burelé d'argent et de gueules de dix pièces au lion de sable armé, couronné et lampassé d'or brochant sur le tout.*

Audouys, mss. 994, p. 70. — Gencien, mss. 996, p. 37. — Guillaume, évêque d'Angers et cardinal, portait :

*Écartelé aux un et quatre comme ci-dessus ; aux deux et trois de gueules à deux fasces d'or,* qui est d'Harcourt ; *sur le tout de France brisé d'une bande diminuée d'or.*

L'écu ogivé adossé à une crosse d'or en pal.

Sculptures, xvᵉ siècle, au baptistère de Sainte-Marie-Majeure et à l'église de Saint-Augustin, à Rome.


## Estrées (d') de la Bourdaisière, — de Cœuvres.

*D'argent fretté de sable au chef d'or chargé de trois merlettes de sable.*

Mss. 995, p. 71.


## Estriché (d') de l'Epinay, — de Bertin.

*D'azur à trois pommes de pin d'or la pointe en bas.*

Gohory, mss. 972, p. 30. — Armorial mss. de 1608, pp. 20, 22. — Roger, mss. 995, p. 16. — Audouys, mss. 994, p. 63. — Mss. 996, p. 37. — Gaignières, Armorial mss., p. 22.

## Estriché (d') de Baracé, — des Loges-Baracé.

*De gueules à la bande losangée d'argent chargée d'une épée de gueules, la pointe en haut, à la garde d'azur accompagnée en chef d'un lion rampant d'or, armé, couronné et lampassé d'argent, au canton dextre d'or posé en dessus de la bande, chargé d'une aigle de sinople, becquée, membrée et couronnée de sable.*

Audouys, mss. 994, p. 65. — V. Canonville.

## Etampes (d'); — dont Hugues, archevêque de Tours, 1135-1148.

*D'argent à deux fasces de gueules.*

Carré de Busserolle, p. 349. — V. d'Estampes.

## Etanduére (de l').

V. des Herbiers.

## Etang (de l').

V. Beauloué.

## Etenay (d') de Saint-Christophe.

*Écartelé aux un et quatre d'or à une bande de sable ; aux deux et trois d'or à une bande engrelée de sable.*

Mss. 993.

## Ethy (d') de Milly ; — dont Louis-Hugues, abbé du Brignon, 1755-1789.

## Etiau (d').

V. d'Estampes. — Licquet. — de Cheridan (ou Sheridan). — Croisset. — Bernard.

## Etienne.

*D'azur à la fasce d'or, accompagnée en chef de trois étoiles aussi d'or et en pointe de trois anneaux entrelacés de même.*

Audouys, mss. 994, p. 69.

## Etival (d').

V. de Souzelles.

## Etoile (de l').

V. de l'Estoille.

## Etriché (d').

V. Canonville. — d'Estriché.

## Etriché (le prieuré d'), fondé vers 1115, dépendant de l'abbaye de la Roë.

*D'or à une fasce de gueules chargée de trois alérions d'argent.*

D'Hozier, mss., p. 1402.

## Eu (d').

V. d'Artois.

## Eveillard.

*D'or à deux fasces de gueules.*

D'Hozier, mss., p. 967. — V. de la Berardière.

## Eveillard de Livette, — de Seillons, — de la Boulaye, — de Livois, — de Pignerolle; — dont François, maire d'Angers en 1641; André, conseiller au présidial d'Angers

en 1590 ; deux conseillers au Parlement de Bretagne en 1688 et 1724.

*D'azur à trois trèfles d'or posés deux en chef et un en pointe, et une étoile de même en cœur.*

Armorial mss. de Dumesnil, p. 15. — Mss. 439. — Audouys, mss. 994, p. 68. — Gencien, mss. 996, p. 7. — D'Hozier, mss.. p. 325. donnent à Jacques Eveillard, curé du May, 1674-1682 : *Trois trèfles de sinople et une étoile d'azur.* — Le même, p. 340, n'indique pas *l'étoile*, mais donne les mêmes émaux.

## Eveillechien de Bizay, — de Grandfons.

*D'azur au chevron d'argent accompagné de trois croisettes de même.*

Gencien. mss. 996, p. 37. — Audouys, mss. 994, p. 70.

## Eveillon ; — dont Jacques, chanoine d'Angers, écrivain ecclésiastique du XVIe siècle.

*D'azur au chevron d'argent accompagné de trois roses de même deux en chef et une en pointe.*

Audouys, mss. 994, p. 68. — D'Hozier, mss., p. 141.

# F

**Fadot** de Grandmaison, — de la Varenne, — de la Forest, — de Chantelou, — de la Marquerie ; — dont Marin, écuyer, garde du corps en 1672; — Charles-Louis, écuyer, officier de la grande vénerie du roy en 1687.

Famille éteinte depuis 1751 dans celle de Pillon de Saint-Chéreau.

*D'argent au pal de...... accosté à dextre de trois bandes de.... et à senestre d'une fleur de lis en chef, d'une demi-fleur de lis en pointe et d'une demi-molette d'éperon de..... posée en abîme.*

Sceau. — État-civil de Courcelles et de Chenehutte-les-Tuffeaux.

## Faigne (de) de Chauvigny.

*De gueules à l'aigle éployée d'or membrée de sable.*

Mss. 703 de la Bibliothèque nationale.

## Failly.

*D'argent à un rameau à trois feuilles de gueules, accompagné de trois merlettes affrontées de sable.*

Gencien, mss. 996, p. 36.

## Fainges (de).

V. d'Ingrande.

## Fains (de).

V. de Dampierre.

## Fairière (de).

V. Lemaître. — de la Ferrière.

## Faissot.

*D'azur à un croissant d'argent en chef et un cœur de carnation en pointe, sommé de deux faisans affrontés d'or.*

D'Hozier, mss., p. 733.

## Faligan.

*De gueules à trois quintefeuilles d'argent.*

D'Hozier, mss., p. 1015.

## Fallet ; — dont Jean, maire d'Angers en 1491.

*D'argent à trois croix pattées de gueules accostées de quatre clous de sinople, et chacune des croix environnée d'une couronne d'épines de sinople.*

Audouys, mss 994, p. 73. — Mss. 993. — Gencien, mss. 996, p. 1. — Mss. 703.

## Falloux (de) ; — dont René, conseiller du roi, président en l'élection de Saumur en 1696.

*D'or au chevron de sable accompagné de trois trèfles de même.*

D'Hozier, mss., p. 1007.

**Falloux** (de) du Lys, — du Coudray, — de Monnet, — de Chozé, — de Châteaufort ; — dont Michel, maire d'Angers en 1711 ; Alfred, ministre de l'instruction publique en 1849, membre de l'Académie française ; Louis, chevalier de Saint-Louis et de la Légion-d'Honneur, officier de cavalerie, mort en 1866 ; Frédéric, cardinal camerlingue en 1880.

*D'argent au chevron de gueules accompagné de trois étoiles de sable posées deux et une.*

D'Hozier, mss. p. 582, M. de Courcy et M. Borel d'Hauterive, Annuaire de la noblesse de France en 1880. — D'Hozier, mss. p. 624, dit : *le champ d'or à deux étoiles en chef et un croissant en pointe le tout d'argent...* — Audouys, mss. 994, p. 73, le mss. 993 et M. de Soland, Bulletin de l'Anjou, 1862, p. 102, disent : *D'or au chevron de gueules accompagné de trois étoiles d'azur en chef et d'une rose de gueules en pointe.* — Jeton de Michel, portant au revers une ruche avec cette légende : *Non sibi sed populo.*

### Falluére (de la).

V. Lefebvre.

### Falsy (de).

*D'or fretté de contrehermines au chef d'azur, chargé d'une couronne à l'antique d'or.*

D'Hozier, mss., p. 763.

### Fanges (de).

V. de Goubis.

**Farcy** (de) de la Carterie, — de Pont-Farcy, — de Ballots, — du Bois, — de la Daguerie, — du Roseray, — de Tressault, — de Boutigné, — de Cangens, — de Fleins, — de la Beauvaie, — du Breil-Berard, — de Grand-Pont, — de Cuillé, — de Champfleury ; — dont Bonaventure, huissier du département de Bretagne en 1579 ; Michel, enquêteur à Alençon en 1530 ; Annibal, procureur général des eaux et forêts du comté de Laval en 1601 ; un chevalier de Malte en 1726 ; un évêque de Cornuailles † en 1777 ; plusieurs conseillers et présidents au Parlement depuis 1695 ; N... de Farcy, annobli par Louis XIII en 1634.

*D'or fretté d'azur de six pièces au chef de gueules.*

Audouys, mss. 994, p. 72. — P. de Courcy. — De Maude, Armorial du Mans, p. 131.

## Fardeau.

*D'or à une aigle de sable.*

D'Hozier, mss., p. 914.

## Fardellière (de la).

*D'or à un lion de sable couronné, lampassé et armé de gueules, et un chef de sable.*

D'Hozier, mss., p. 81. — V. Nicolas. — de Blon.

## Farge (de la).

V. Gaureau.

## Fargis (de).

V. d'Angennes.

## Farinnière (de la).

V. de Pouillé. — Trochard.

## Farion.

*D'or à une bande vivrée d'azur.*

D'Hozier, mss., p. 1216.

Farnèse d'Octavio, ducs de Parme; — dont Alexandre, cardinal, archevêque de Tours en 1552.

*D'or à six fleurs de lis d'azur posées trois, deux et une.*
Mss. 995, p. 56.

## Fauchaux (de).
V. Menon.

## Faucherie (de la) du Pin.

*D'azur à trois cordons noués et contournés en forme d'anneau d'or posés deux et un.*

Audouys, mss., 994, p. 75.

## Fauchinière (de la).
V. Menon.

## Faucille (de la) des Landes, — de Saint-Aubin-du-Pavoil, — de la Chapelle-Hulin, — de la Roche, — de la Feuillée; — dont Alice, abbesse de Nyoiseau, au XVe siècle; et René, gouverneur du château d'Angers en 1562.

*D'azur à la bande d'argent accompagnée de deux cotices d'or, à l'orle de six losanges de même posés deux et un en chef et deux et un en pointe.*

Mss. 703. — Roger, mss. 995, p. 7. — Gohory, mss. 972, p. 118. — Mss. 439. — Audouys, mss. 994, p. 72. — Gencien, mss. 996, p. 38. — Mss. 995, p. 102. — V. de Saint-Aubin. — Patry.

## Faucon (de).
V. de Glandèves.

## Fauconnière (de la).
V. de l'Espronnière.

**Faulquier** (Étienne), abbé de Bourgueil, mort en 1455.

*D'azur à trois faulx d'argent posées deux et une.*
Carré de Busserolle, p. 354.

**Faultraye** (de la).
V. Merault.

**Fauquereau.**
V. Fouquereau.

**Faurie** (de la).
V. Poullard.

**Fausse-Mairie** (de la).
V. Dubrossé.

**Fausse-Porée** (de la).
V. Brossay.

**Fautrière** (de la).
V. Davy. — Poisson. — Le Gay.

**Fauveau.**

*D'azur à un cerf passant d'or.*
D'Hozier, mss., p. 880.

**Fauveau** (de).

*D'or à la tête de veau de gueules le chef d'azur chargé de trois faulx d'argent.*
Sceau.

## Fauvellière (de la).

V. Charbonnier.

## Faux (du).

V. Robin.

## Favereau de Chizé, — de la Gautrye (*alias* Baigneux).

*D'azur au chevron d'or, accompagné de trois coquilles d'argent.*

Carré de Busserolle, p. 355.

## Faverie (de la).

V. Couette.

## Faveries (des).

V. Aubert. — Beschard.

## Faverolle (de).

V. Guérin.

## Fay.

*D'or au chef de gueules chargé de trois pals de vair argent et azur.*

Gencien, mss. 996, p. 36.

## Fay (du) de Juillé, — de la Martinière, — du Martray, — de Croye, — de la Morinnière.

*De gueules à trois genestes d'argent posées deux et une.*

Audouys, mss. 994, p. 74. — Mss. 996, p. 38. — Mss. 439. — Mss. 995, p. 122.

## Fay (du) de Grandville, — du Jay, ou du Jau.

*D'argent à trois coquilles de sable posées deux et une.*

Gohory, mss. 972, p. 47. — Audouys, mss. 994 p. 73. — Gencien, mss. 996, p. 36. — Roger, mss. 995, p. 17. — Mss. 995, p. 121. — L'Armorial mss. de 1608, p. 23, et Gohory, mss. 972, p. 45, donnent aux seigneurs de Grandville les armes suivantes :

*De... à la croix cantonnée de deux coquilles de... à dextre, et de deux croissants montants de... à senestre.*

## Faye (de) ; — dont Barthélemy et Jean, archevêques de Tours en 1053 et 1209.

*Ecartelé aux un et quatre d'argent ; aux deux et trois d'argent au chef de gueules, au lion d'azur armé, lampassé et couronné d'or brochant sur le tout.*

Carré de Busserolle, Armorial, p. 356.

## Faye (de la).

*D'or semé de fleurs de lis de sable.*

Mss. 995, p. 78. — V. de Tillon. — Dolbeau.

## Faye (le prieuré de la Magdeleine de), dépendant de l'abbaye de Mauléon.

*De gueules à une boîte couverte d'or accostée des deux lettres S. et M. de même.*

D'Hozier, mss., p. 881.

## Faye-la-Vineuse (de).

V. Gillier. — de Maillé.

## Fayelle (de la).

V. Bernard.

## Fayette (de la).

*D'azur à trois pointes de flèches d'argent.*

Sceau. — V. Mottier.

## Faymereau.

V. du Puy du Fou.

## Feauté (de la).

V. Renou.

## Feil (du).

V. d'Orvaulx.

## Feillet (du).

V. Auvé.

## Feilleul (du).

*De sable à la bande d'argent accompagnée de deux cotices d'or et d'une levrette d'argent sur le troisième quartier.*

Mss. 993.

## Felinnes (de).

V. des Romans. — de Baucher.

## Fellière (de la).

V. Murzeau. — Foucher.

## Feil-Lucière (du).

V. Simon.

## Fenardière (de la).

V. Fontenelle.

## Fenestrange (de).

*D'azur à la fasce d'argent.*

Gencien, mss. 996, p. 36.


## Fenestre (de la).

V. de la Tigeonnière. — Bodet.


## Feninière (de la).

V. Papin.


## Fenouillères (des).

V. Fresneau.


## Fenouillet (de) de Fricon, — de l'Arable ou l'Érable ; — dont Pierre, curé de Beaufort en 1654.

*D'or à trois étoiles de gueules posées en chef et trois grenades fruittées de gueules, tigées et feuillées de sinople posées deux et une.*

Cauvain. — Grand–Pré, César Armorial, p. 206. — De Maude, Armorial du Mans, p. 132. — D'Hozier, Armorial mss.


## Ferault.

*De sinople à une bande d'or.*

D'Hozier, mss., p. 993.


## Ferchault.

*De gueules à la croix dentelée d'argent.*

D'Hozier, mss., p. 968. — V. de la Motte. — de Champaigné.


## Fergon de la Pataudière, — de la Motte-Dusseau.

*D'or à la bande d'azur chargée de deux gonds d'argent.*

Audouys, mss. 994, p. 75. — Gencien dit : *bande chargée de trois annelets d'or.*

## Fernandes.

*Bandé d'argent et de gueules de six pièces.*

D'Hozier, mss., p. 1018.


## Ferolle (de).

V. Acquet. — de la Ville.


## Feronnais (de la).

V. Ferron.


## Feronnière (de la).

V. de la Grandière. — de la Saussaye. — Le Fèvre. — Chailland. — du Bois.


## Ferraguère (de la).

V. de Meaulays. — de Hardouin. — de la Saugère.


## Ferrand.

*De gueules à un vol d'argent.*

D'Hozier, mss., p. 1000.


## Ferrand de Landeronde, — de Martigné, — de Chazé, — des Estoubles, — de la Bigottière.

*D'argent à un chef de buffle de gueules accorné et bouclé d'or.*

Audouys, mss. 994, p. 75.


## Ferranderye (de la).

V. Le Loup.


## Ferrandière (de la).

V. Picault.

**Ferrare** (de) de Mantoue.

*D'azur à l'aigle éployée d'argent.*

Mss. 995, p. 56. — V. de Lombardie.


**Ferrault**; — dont Jean, maire d'Angers en 1500-1501; et Jean, juriste, procureur du roi au Mans en 1508.

*D'argent à une tête de buffle de sable, accornée, bouclée d'or et allumée d'argent.*

Gencien, mss. 996, p. 2.


**Ferré des Coutures**, — de la Garaie, — de Villesblanc, — de Plumangat, — de Launay-Quinart; — dont Jacques, secrétaire du duc de Bretagne en 1420; Pierre, sénéchal de Rennes en 1468.

*D'argent à la fasce d'azur accompagnée de trois roses de gueules, deux en chef et une en pointe.*

Audouys, mss. 994, p. 75. — Le mss. 993 et de Courcy disent : *trois molettes d'éperon d'azur...*


**Ferrière du Coudray**; — dont Jean-Michel, juge à Baugé et député à l'Assemblée législative en 1791.

*De... à la cotice câblée de... accostée en chef d'une rose à six feuilles et d'une étoile de... et en pointe d'une étoile et d'une rose à six feuilles de...*

Sceau, chartrier du Châtelet de Milon.


**Ferrière** (de la).

*D'argent à deux léopards de sable.*

Gaignière, Armorial mss., p. 9. — V. Le Clerc. — Sorhoëtte. — Guérin. — des Escottais. — du Bois. — de Fesques.

**Ferrière** (de la) de la Bigottière, — de Vanne, — de Gastines, — de l'Espinay.

*De sable à trois fers de cheval d'argent.*

Roger, mss. 995, pp. 14, 9. — Audouys, mss., pp. 73 et 74. — Mss. 995, p. 84. — Gencien, mss. 996, p. 38, dit : *Fers percés de sable...* — Gohory, mss. 972, p. 19, donne *le champ de gueules au lieu de sable...* — P. de Courcy, Armorial de Bretagne, dit : *D'argent à trois fers de mules de sable.*


**Ferrière-Larçon** (de).

V. de Prie.


**Ferron** de la Ferronnaie, — du Guingo, — de Langevinais, — du Plessis, — de la Forest, — de la Deunelaye, — du Vau, — de la Motte, — de Saint-Mars-de-la-Jaille, — de la Vigne, — de Chavaignes, — du Petit-Bourg ; — dont Gabriel, maréchal des camps et armées du roi, mort en 1785 ; trois conseillers au Parlement de Bretagne depuis 1692 ; un lieutenant-général en 1781 ; cinq maréchaux de camp depuis 1743, dont le dernier, pair de France et ministre des affaires étrangères en 1828 ; un évêque de Saint-Brieuc en 1770.

*D'azur à six billettes d'argent posées trois, deux et une, au chef cousu de gueules, chargé de trois annelets d'or.*

Supports : *Deux léopards.*

Cimier : *Une rose,* qui a été changée depuis en *un bras nu, armé d'une épée antique.*

Devise : *In hoc ferro vinces.*

Audouys, mss. 994, p. 72. — P. de Courcy.


**Ferronnière** (de la).

V. de la Feronnière.


**Ferté** (de la).

V. du Bois. — Brillet. — de la Marche.

Ferté (Mathilde de la), abbesse de Fontevrauld
en 1265.


Ferté-Imbault (de la).

V. d'Estampes.


Feschal (de) de Thuré, — de Saint-Aubin de Pouancé,
— de Marboué, — du Challeu, — de Polligny, — du
Bourgeau, — de Chemeré, — de la Macheferrière, — de
la Coconnière, — de Vauchrétien; — dont Marie, abbesse
du Perray-aux-Nonains † en 1564.

*Vairé d'argent et d'azur à la croix de gueules brochant sur le
tout.*

Gohory, mss. 972, p. 39. — Armorial mss. de 1608, p. 23. —
Audouys, mss. 994, pp. 72, 74. — Gencien, mss. 996, p. 38. —
Mss. 995, pp. 64, 97. — V. de la Saugère.


Fesques (de) de Marmande, — de la Roche-Boisseau,
— d'Arbonville, — de Beauchêne, — du Paillé, — de
Chartrigny, — de la Ferrière, — de Gennetor, — de
Lesperonnière.

*D'or à l'aigle éployée de gueules, armée et becquée de sable.*

Audouys, mss. 994, p. 74. — D'Hozier, mss., pp. 319, 340. —
Le mss. 439 ajoute au seigneur d'Arbonville... *une étoile de sable
en chef...*


Fessardière (de la).

V. Belot.


Fessel.

*D'azur à trois anilles ou fers de moulins d'argent posés deux
et un.*

Audouys, mss. 994, p. 113.

**Fetars** (de) de Saunet.

*D'azur fretté d'argent.*

Armorial mss. de 1608, p. 23.


**Feudonnet** (de).

V. Valtère.


**Feugères** (de) d'Oin.

*D'azur au chef losangé d'or et de gueules.*

Mss. 993.


**Feuil** (du).

V. Simon.


**Feuillée** (de la).

V. de la Faucille. — d'Orange.


**Feuquerolle** (de).

*D'azur à un chevron d'argent chargé de deux lions affrontés de sable et accompagnés de trois glands d'or deux en chef et un en pointe.*

D'Hozier, mss., p. 752.


**Feuquerolle** (de) de Princé, — de la Formondière, — de la Cour; — dont Jean, héraldiste au XVIIe siècle, et Catherine, fondatrice de l'hôpital de Durtal, morte en 1706.

*D'or à un brin de fougère de sinople posé en pal.*

D'Hozier, mss., pp. 293, 314.


**Feuquières** (de).

V. de Pas.

## Ficquemont.

*D'or à trois pals au pied fiché de gueules surmonté d'un loup passant de sable.*

Gencien, mss. 996, p. 36.

## Fief (du).

V. Le Houx.

## Fief (du) de la Mort.

V. Aubery.

## Fief-Sauvin (du).

V. Gaultier.

## Fief-Sauvin (le prieuré du), dépendant de l'abbaye de Saint-Jouin de Marne.

*D'azur à un cerf passant d'or.*

D'Hozier, mss., p. 902.

## Fillastre d'Huillé ; — dont Guillaume, né à Huillé, cardinal, évêque de Saint-Pons, doyen de Reims en 1411 ; et Étienne, juge d'Anjou et du Maine en 1400.

*De gueules à la rencontre de cerf d'or ; à la bordure dentelée de même.*

Mss. 703.

## Fièvre.

*D'argent à une feuille de figuier de sinople.*

D'Hozier, mss., p. 1338.

## Fillon.

*Losangé d'argent et d'azur.*

D'Hozier, mss., p. 1012.


## Flachat de Chenevoux.

*D'azur au chevron d'or cantonné de trois étoiles de même.*

Mss. 993.


## Flacié (de).

V. du Bois.


## Flandre (de).

*D'or au lion de sable armé et lampassé de gueules.*

Mss. 995, p. 76.


## Fléchère (de la) de Limet, — de la Jacopière, — de la Poterie, — de la Locerie.

*D'azur à trois têtes de loup arrachées d'or posées deux et une.*

L'abbé de la Coudre et le mss. 703 disent : *D'azur au sautoir d'or cantonné de quatre aiglettes d'argent.*

Audouys, mss. 994, p. 73.


## Flécherie (de la).

V. Troteau.


## Flée (le prieuré-cure de Saint-Sauveur de), dépendant de l'abbaye de la Roë.

*De sable à un Christ d'argent.*

D'Hozier, mss., p. 1195.

## Flée (de).

V. de Jourdan. — de Thibergeau.

## Fleins (de).

V. de Jourdan. — de Farcy.

## Fleurainville (de).

*D'argent à trois bandes d'azur, au lion de gueules brochant sur le tout, à la bordure engrelée de gueules.*

Gencien, mss. 996, p. 36.

## Fleuriot de Kergoër, — de Carnabat, — de Roudourou, — de Langle, — de Kerjégu, — de la Sauldraye, — de Lanven, — de Kerfichan ; — dont Pierre, conseiller au Parlement en 1569 ; un chevalier de Saint-Michel en 1639 ; deux pages du roi en 1753 et 1767.

*D'argent à un chevron de gueules accompagné de trois quintefeuilles d'azur.*

D'Hozier, mss., p. 871. — P. de Courcy.

## Fleuriot.

*D'or à deux fasces de gueules.*

D'Hozier, mss., p. 923.

## Fleuriot des Roches, — de l'Épinière, — de la Guillotière.

*D'argent à un chevron d'azur surmonté d'une merlette contournée de sable, et accompagnée de trois roses de gueules, deux en chef et une en pointe ; le chef d'azur chargé d'une flamme d'or accostée de deux étoiles à six raies chacune d'argent.*

Mss. 703. — D'Hozier, mss., pp. 148, 558. — Le même, p. 568, ne donne pas aux seigneurs de la Guillotière : *le chef d'azur chargé d'une flamme d'or accostée de deux étoiles à six raies chacune d'argent.*

## Fleuriot de Boiserie.

*De gueules à une fasce d'argent chargée de deux roses de gueules.*
D'Hozier, mss., p. 985.

## Fleuriot de la Sererie, — du Plateau, — de la Veronnière, — de la Florillière, — de la Jumeraye, — de Juigné ; — dont un page de la reine en 1750, maréchal des logis des gardes du corps en 1784, général dans l'armée vendéenne et maréchal de camp en 1814 † en 1824.

*D'argent au chevron de gueules accompagné de trois roses de gueules, tigées de sinople, posées deux en chef et une en pointe.*
Audouys, mss. 994, p. 72. — P. de Courcy.

## Fleuronnière (de la).

V. Gohory.

## Fleurville (de) de Montigné, — de la Durantière, — du Loup-Pendu, — du Houssay.

*De gueules à deux épées d'argent posées en sautoir les pointes en haut; accostées de trois étoiles aussi d'argent une en chef et deux en flanc.*
D'Hozier, mss. 994 p. 75.

## Fleury.

*De... à une croix de... cantonnée de quatre coquilles de...*
Sculpt., XVIᵉ siècle, église de la Grésille.
*De gueules à deux chevrons d'argent accompagnés en chef de deux croissants de même.*
D'Hozier, mss., p. 992.

## Fleville.

*Vairé d'argent et d'azur.*
Gencien, mss. 996, p. 36.

## Flines (de).

V. de Fleins. — de Romans.

## Flonnière (de la).

V. Guérineau.

## Florancière (de la).

V. Boissy. — Binet. — de Melay. — de Beaumont-d'Autichamp.

## Floré.

*D'argent à deux fasces d'azur.*
Mss. 995, p. 57.

## Florence (de).

V. de Raschi.

## Florillière (de la).

V. Fleuriot.

## Flosellière (de la).

V. de Maillé.

## Foassier de la Vassinerie.

*D'argent à un chevron d'azur surmonté d'un croissant de même
et accompagné en chef de deux roses de gueules et en pointe d'un
lion de même.*

D'Hozier, mss., p. 154.

## Foing (de).

V. de Maulay.

## Foix (de).

*D'or à trois pals de gueules.*
Mss. 995, p. 55.

## Folenfant.

*De gueules à un sautoir d'or.*

D'Hozier, mss., p. 922.


## Foletière (de la).

V. Marveilleau.


## Folie (de la) de la Varanne.

*D'azur à un pal d'argent écartelé d'argent à une fasce d'azur.*

D'Hozier, mss., p. 1521.


## Foliette (de la).

V. Rivecourt.


## Folleville (de).

V. de Champagné. — Lardeux.


## Fontaine (de).

V. de Ballue. — Gaultier.


## Fontaine (de la).

*Bandé d'azur et d'argent échiqueté de gueules.*

Mss. 993. — V. Gilbert. — Camus. — Mareil. — Pichery. — Patry. — Percault. — de Morant. — Le Comendeur. — du Chesne. — de Cambourg. — Auvé. — Cazet. — de Martel.


## Fontaine (de la) de Grandmaison.

*D'or à la bande d'azur accostée de six étoiles de sable.*

Mss. 439.

## Fontaine (de la) de Borcieu, — de Mearge.

*D'azur à la croix d'argent à la bordure engrelée de sable.*
Mss. 993.

## Fontaine (de la) de Follain, — de Vezins.

*D'argent à deux bandes de gueules.*
De Courcy. — Cauvain.

## Fontaine (de la) de Fontenay.

*D'hermines à la barre de gueules chargée de deux besans d'or.*
Audouys, mss. 994, p. 75.

## Fontaine (de la) de Mervé, — de Biré, — de Mordoit.

*D'argent au chevron d'azur accompagné en chef de deux trèfles d'or et en pointe d'une gerbe de même liée d'azur.*

Audouys, mss. 994, p. 74.

## Fontaine-Couverte (de la).

*Coupé, emmanché d'or et d'azur.*

Gohory, mss. 972, p. 31. — Armorial mss. de 1608, p. 23. — Roger, mss. 995, p. 16. — Gaignières, Armorial mss., p. 18. — Gencien, mss. 995, p. 38 et Audouys, mss. 991, p. 73, ajoutent... *de trois et quatre pièces...* — V. de Valory.

## Fontaine-Guérin (de) de Gée, — de l'Ile-du-Loir, — de Cousteilles; — dont Hardouin, auteur du *Trésor de la Vénerie* en 1394, et Jean, l'un des vainqueurs de Baugé en 1421.

*De gueules à l'aigle éployée d'or, becquée et membrée d'azur.*

Gaignières, Armorial mss., p. 18. — Gencien, mss. 996, p. 39. — La Chesnaye-des-Bois dit : *D'argent au chevron de sable accompagné de trois mouchetures d'hermines de même.* — V. de Bueil. — Rouillé. — Daillon. — de Masseilles. — de Crochard.

## Fontaine-Milon (de).

V. de Masseilles.


## Fontaines (des).

V. Liger. — Ollivier.


## Fontenailles (de) d'Aubert, — du Menil-Barré, — de Hoges.

*D'azur treillissé d'argent de six pièces.*

Audouys, mss. 994, p. 74. — L'Armorial de Busserolle, l'Armorial de Gencien, p. 39, et M. de Champagné, parlent d'une maison de Fontenailles qui porte :

*D'argent à trois annelets de gueules.*


## Fontenailles (de).

V. Gilles. — Brunet. — Gourreau. — Pierre. — de Quatre-barbes. — d'Escolin. — de Neuville. — du Gast.


## Fontenault (de).

V. Montmorin.


## Fontenay (de).

*D'argent à deux lions passants de sable armés, lampassés et couronnés d'or.*

V. de la Fontaine. — de la Barre. — Bastard. — Le Bastard. — Thomas. — d'Acigné. — Guierchois. — de Cadier. — Gain. — de Guerchais.


## Fontenelle (de) de Guibert, — de Souvigné, — de la Forterie, — de la Fenardière, — de Launay, — de la Renaudière.

*D'argent à quatre fleurs de lis de gueules posées aux quatre coins de l'écu.*

Audouys, mss. 994, pp. 72, 87. — Mss. 439. — Ménage, p. 103. — D'Hozier, mss., p. 99. — L'Armorial, mss. de 1608, p. 23 et

Roger, mss. 995, p. 10, donne aux de Fontenelle de Guibert les armes suivantes :

*De sable au lion d'or armé et lampassé d'argent... — Gencien, mss. 996, p. 41... dit : lampassé de gueules... et Gohory, mss. 972, p. 42, dit : De gueules à la fasce d'argent accompagnée de trois têtes de léopard, de même, deux en chef et une en pointe...*

## Fontenelle (de).

V. de la Corbière. — De Guibert. — Des Hayes. — Jameron. — De Ver. — Denais. — Gain.

## Fontevrault (l'Abbaye royale de) fondée au XIIᵉ siècle.

*Fascé ondé enté de gueules et d'argent.*

D'Hozier, mss., p. 178.

La communauté des RELIGIEUX ET RELIGIEUSES DE L'ABBAYE DE FONTEVRAULT :

*D'argent à un crucifix accosté à dextre d'une Sainte Vierge et à senestre d'un saint Jean, le tout au naturel sur une terrasse de même.*

D'Hozier, mss., p. 179.

## Forbin (de) d'Oppède ; — dont André, abbé de Saint-Florent de Saumur, 1730.

*D'or au chevron d'azur accompagné de trois têtes de léopard (ou de Maure?) de sable.*

Portrait-peinture XVIIIᵉ siècle à la Bibliothèqne de Saumur.

## Forcelles de Saint-Gergonne.

*De sable à neuf trèfles d'argent posés quatre, trois, deux.*
Gencien, mss. 996, p. 36.

## Forcheu.

*D'azur à trois fourches d'or posées deux et une la dernière renversée, au chef d'argent chargé d'un lion naissant de gueules.*
Gencien, mss. 996, p. 36.

**Forest** (de la) d'Armaillé, — du Bois-Geslin, — de Craon, — de Noizay, — des Montils-Ferusseau, — de Saint-Amadour, — de la Poulinnière ; — dont Étienne, conseiller général de Maine-et-Loire, mort en 1844 ; Joseph, conseiller général, mort en 1872 ; René, maréchal de Caen, mort en 1854 ; Jacques, conseiller au Parlement de Bretagne en 1576 ; et un conseiller au Parlement de Paris ; Jean, connétable d'Angers ; un chevalier de Malte en 1780 ; et un maréchal de camp en 1830.

*D'argent au chef de sable.*

Audouys, mss. 994, p. 72. — Sceau.


## Forest (de la).

V. de Rostaing. — De Beaumont. — De la Roche. — Le Jeune. — De Bodieu. — Brandelis. — Hulin. — Cherpin. — Guyer.


## Forest-Bonamy (de la).

V. Blandin.


## Forest-Clairembault (de la).

V. Clairembault. — Gaborin.


## Forest-de-Lay (de la).

V. Terrail.


## Forest-d'Ivonne (de la) ; — dont le R. P. Marie-Augustin, troisième abbé de la Trappe de Bellefontaine, démissionnaire en 1850.

*De sinople à la bande d'or frettée de gueules.*

Devise de la famille : *Tout à travers.*

Carré de Busserolle, p. 505. — L'abbé de Bellefontaine portait : parti comme ci-dessus, et parti comme l'abbaye.

### Forest-du-Parc (de la).

V. Barbotin.

### Foresterie (de la).

V. Bodin. — Grignon. — Poulain. — D'Auber. — Guérin.

### Forestier (le).

V. Le Forestier.

### Forest-Landry (de la).

V. de Melay.

### Forest-Menardière (de la).

V. Hullin.

### Forêt (de la).

V. de la Pierre.

### Forge (de la).

V. du Vau. — De Menon. — De Gueffront. — Huttin.

### Forgeais (de).

V. du Juglart. — de Forget.

### Forgerie (de la).

*D'or au lion d'azur au chef de gueules.*

Gaignières, Armorial, mss., p. 14.

### Forges (des).

V. Guaisdon. — Du Boul. — Du Teilleul. — Du Bois. — Damart.

## Forget (de).

V. Gueniveau. — De Forgeais.

## Formondière (de la).

V. Fouquerolles.

## Forterie (de la).

V. de Fontenelle. — du Bouchet. — Meaulays. — de Collasseau. — de Champchevrier. — Heard.

## Fortin.

*D'argent à une croix de sable de cinq étoiles d'or.*

D'Hozier, mss., p. 1030.

## Forts (des).

V. Le Pelletier.

## Fos (de).

*De gueules à un lion couronné d'or.*

Sceau.

## Fosse (de la).

*D'azur à cinq besans d'argent posés en sautoir.*

D'Hozier, mss., p. 913. — V. du Bois. — Cadu. — Bernard. — Martineau. — Fausse. — Marguerit. — Réveillé. — Hellaud.

## Fosse-Bellay (le prieuré de Saint-Martin de la), dépendant de l'abbaye d'Asnières-Bellay.

*De gueules à trois gerbes d'or posées deux et une.*

D'Hozier, mss., p. 1032.

## Fosse-Martineau (de la).

V. Martineau.

## Fosserie (de la).

V. Bernard.

## Fossés (des).

V. Chenu.

## Fou (du).

V. du Puy.

## Foucauld des Bigottières, — de la Budorière, — de la Guerivière, — de Launay, — de Pontbriand ; — dont Jacques, conseiller au Parlement en 1598 ; Charles et René, gentilshommes de la Chambre en 1628, un maître des comptes en 1621.

*De sinople au chevron d'or, surmonté d'un lion rampant de même et cantonné de trois trèfles d'argent.*

La Chesnaye des Bois. — Cauvin, p. 95. — P. de Courcy.

## Foucault (de) de Jarzé, — de la Flèche ; — dont François, colonel commandant du régiment mestre de camp dragon-cavalerie, 1780 ; Charles, né à Jarzé, député en 1820, mort en 1873.

*D'argent ou d'or au lion de sable ; — ou d'or au lion de gueules, écartelé d'azur à la fasce accompagnée en chef d'un croissant et de deux étoiles en pointe d'une étoile, le tout d'argent.*

Sceaux modernes. — Le mss. d'Orléans donne aux Foucault : *d'azur semé de fleurs de lis d'or à un chevron d'or surmonté d'une aigle éployée de même.*

## Foucault.

*D'azur à une aigle d'argent chapé, arrondi; parti d'azur et d'argent, l'azur chargé d'un chevron d'or accompagné en chef de deux étoiles de même et en pointe d'un croissant aussi d'or et l'argent chargé d'un palmier arraché de sinople.*

D'Hozier, mss., p. 599.

## Fouche (de la).

V. Leriet.

## Fouché de Perignon, dont un représentant de la noblesse d'Anjou en 1789.

*D'argent à la fasce de gueules, accompagnée d'un croissant de même en pointe et surmontée de trois roses de sable rangées en chef.*

Sceau.

## Foucher.

*De sable au chevron d'or accompagné de trois merlettes de même.*
D'Hozier, mss., p. 1013.

*De gueules à une croix d'argent.*
D'Hozier, mss., p. 323.

*D'or à un lion de gueules.*
D'Hozier, mss., p. 903.

## Foucher de la Feillière.

*De... à quatre fasces d'or et un lion de même brochant sur le tout.*
Mss. 439.

## Foucher du Perain.

*D'azur à une fourche d'or.*
D'Hozier, mss., p. 1435.

## Foucheraie (de la).

V. Baudin.

## Fouchereau (du).

V. Amyot.

## Foucherie (de la).

*D'azur à trois cordons d'or posés deux et un.*

D'Hozier, mss., p. 95. — V. Grimault. — Raimbault. — Le Voyer.

## Fouchier (de) de Pont-Moreau, — de Châteauneuf, — de Chauverolles, — du Vivier.

*D'argent au lion de sable armé, couronné et lampassé de gueules.*

Mss. 439.

## Foucoyn (de).

*D'azur à un faucon d'or.*

D'Hozier, mss., p. 1386.

## Foudon (de).

V. Martineau.

## Fougerais (des).

V. Lavocat. — Bedé.

## Fougeray (du).

V. de la Barre. — d'Avoine. — Sigonneau. — de la Groleraye. — de Masseille. — de la Chapelle. — de Pierres.

## Fougeré (de).

V. de la Saugère. — Artault.

**Fougères** (de); — dont Guillaume, bailli d'Anjou, Touraine et Maine, en 1230.

*D'or à une tige de fougère arrachée de sinople.*
Carré de Busserolle, p. 375.


**Fougerolles** (de).

V. La Mothe.


**Fouguernon** (de).

V. de Cerizay.


**Fouier.**

*D'azur à un chevron d'or accompagné de trois croissants d'azur, deux en chef et un en pointe.*
D'Hozier, mss., p. 567.


**Fouillanderie** (de la).

V. Aimar.


**Fouilloux** (du).

V. de Brée.


**Foul.**

*Bandé d'or et d'azur de six pièces.*
D'Hozier, mss., p. 994.


**Fouldras** (de) de Courcenay.

*Fascé d'argent et d'azur de six pièces.*
Mss. 993.

## Foulletière (de la).

V. Gastinel.

## Foulletourte (de).

V. de Broc.

## Foulognes (de).

*D'azur à trois fasces d'or, accompagnées d'une bande de gueules chargées de trois coquilles d'argent brochant sur le tout.*

Sceau.

## Foulon de la Croix, — de Doué, — des Basses-Minières ; — dont François, maître des requêtes d'Anne d'Autriche, en 1661 et Joseph, intendant de la guerre et de la marine en 1744, puis intendant des finances en 1771, pendu par les révolutionnaires.

*D'argent à trois chapeaux de sable posés deux et un accostés d'or et un chapeau de sinople.*

D'Hozier, mss., p. 1280.

*De gueules à la croix d'argent accostée de deux lions affrontés d'or.*

Mss. 993.

## Foulques de Thorigné.

*De gueules à un lion d'hermines lampassé, armé et couronné d'or.*

Armorial, mss. de 1608, p. 24. — Roger, mss. 995, p. 16. — Audouys, mss. 994, p. 74. — Mss. 995, p. 101. — V. de Thorigné.

## Founau (de la).

V. Berruier.

## Fouquereau (de) de la Coletterie ou de la Colettière.

*D'argent à une croix dentelée de sable.*

Armorial, mss. de 1608, p. 24. — Audouys mss. 994, p. 74. —
Gencien, mss. 996, p. 38. — Mss. 995, p. 103. — Roger, mss. 995,
p. 14. — Gohory, mss. 972, p. 11.

## Fouquerolles.

*De sable à deux léopards d'or.*

Gencien, mss. 996, p. 39. — Gohory, mss. 972, p. 117.

## Fouques.

*D'argent à une fourche de sable.*

D'Hozier, mss., p. 1279.

## Fouquet de la Sagerie.

*D'argent à trois écureuils de gueules posés deux et un.*

Mss. 993.

## Fouquet de Chalain, — de la Roche-d'Iré, — de Gizors, — de Melun, — de Bellisle, — de Vaux; — dont Nicolas, surintendant des finances, procureur général du Parlement de Paris, mort en 1680; Jean, conseiller au Parlement de Paris en 1578 et François, archevêque de Narbonne, mort en 1673.

*D'argent à l'écureuil rampant de gueules, à la bordure d'azur semée de fleurs de lis d'or.*

Devise : *Quo non ascendam ?*

Gohory, mss. 972, p. 117. — Audouys, mss. 994, p. 72. —
Mss. 993 et 703. — Gencien, mss 996, p. 39. — D'Hozier, mss.,
p. 432, indique à un Fouquet les mêmes armes sans *la bordure*.

**Fouquet** de la Varenne, — de Poix, — de Sainte-Suzanne, — de la Flèche, — du Boussé ; — dont Guillaume, officier de cuisine du roi de Navarre à la Flèche ; Guillaume, son fils, abbé de Saint-Nicolas, évêque d'Angers, mort en 1621.

*De gueules au lévrier d'argent accolé d'azur, semé de fleurs de lis d'or.*

Devise : *Fidelitate et diligentia.*

Gohory, mss. 972. p. 117. — P. Anselme, p. 412. — Audouys, mss. 994, p. 72. — Ch. de Montzey, Hist. de La Flèche, II p. 264. — Armorial, mss. de Dumesnil, p. 15. — Roger. mss. 995. p. 1. — Pocquet de Livonnière, n° 23. — L'Armorial, mss. de 1608, p. 42, dit... *de sinople ou d'azur.* — Gohory, mss. 972, p. 70. — Gencien, mss. 996, p. 39, Lehoreau, n° 20, et Balain, p. 463, disent : *le champ d'azur...* — Bruneau de Tartifume, p. 153, donne un *collier de gueules.*

## Four (du) ou Dufour.

*D'or à deux lions affrontés d'azur.*

D'Hozier, mss., p. 906.

## Fourateau (de) ou Forasteau d'Aigremont, — de la Beraudière.

*D'or à l'aigle éployée de gueules becquée et membrée d'azur.*

Carré de Busserolle, p. 377.

## Foureau (à Châteaugontier).

*D'azur au chevron accompagné en chef de deux fleurs de souci et en pointe d'une aigle, le tout d'or.*

Mss. 993.

## Foureau de Barrot.

*D'azur à une fasce d'or chargée de trois roses de gueules.*

D'Hozier, mss., p. 957.

Foureau de la Françoisière ; — dont Charles, lieutenant-général au présidial de Châteaugontier en 1640.

*D'argent à un chevron d'azur accompagné de deux roses de gueules
ligées et feuillées de même, et boutonnées d'or et en pointe d'une aigle
le vol abaissé de sable.*

D'Hozier, mss., p. 674.


## Fourerie (de la).

V. Bachelot. — Gauchet. — Guyot. — Illiers.


## Fourmendière (de la).

V. du Pont.


## Fourmentières (de).

V. Martineau.


## Fourmeslé (de).

V. de Villiers.


## Fourmont de la Baugère.

*D'azur à deux chevrons d'or opposés et passés l'un dans l'autre.*

Armorial, mss. de 1608, p. 24. — Audouys, mss. 994, p. 75.
— Mss. 995, p. 113. — Gencien, mss. 996, p. 38. — Roger, mss.,
p. 20. — Gohory, mss. 972, p. 82.


## Fourneux (de).

*D'or à trois fasces de sable à une bande d'argent brochant sur
le tout.*

Gohory, mss. 972, p. 18. — Armorial, mss. de 1608, p. 24. —
Roger, mss. 995, p. 9. — Audouys, mss. 994, p. 74. — V. de
Grenouillon. — De Brue. — De Lux.

## Fournier.

*D'azur à trois lions d'or.*

D'Hozier, mss., p. 1128.

*De sinople à une fasce d'argent écartelée d'argent à une bande de sinople.*

D'Hozier, mss., p. 1511.


## Fournier (Pierre), curé de Montilliers en 1772, mort en 1810.

*D'azur à trois pommes de pin d'or la tige en bas, posées deux et une, surmontées d'un croissant aussi d'or.*

D'Hozier, mss., p. 328.


## Fournier de Boisairault, — d'Oyron, — de Verrières, — de Lancerre, — de la Guérinière, — de Lhommeau-Belin, — de la Garenne, — de Beaurepaire, — de la Bardouillère, — de la Pinsonnière, — de la Galmelière; —

dont Jean, sénéchal de Champtocé, chancelier du roi René, grand juge d'Anjou et du Maine en 1427; Pierre, son fils, maire d'Angers en 1503; Jean, chevalier de Saint-Michel, conseiller d'État, maire de Nantes en 1654; Guillaume, chanoine trésorier de l'église d'Angers en 1490; plusieurs chevaliers de Saint-Louis; Pierre, conseiller du roi, président juge prévôt civil et criminel de police à Saumur en 1698; plusieurs conseillers de parlement et de présidial, des lieutenants-généraux d'épée en la sénéchaussée de Saumur; Pierre-Jacques, lieutenant-colonel du Régiment commissaire-général de cavalerie, chevalier de Saint-Louis en 1772; Pierre-Auguste, chevalier de Saint-Louis, officier vendéen, mort en 1837; René, camérier secret laïque surnuméraire de S. S. Pie IX en 1867; Alfred, sous-lieutenant au 4e chasseurs d'Afrique, tué à Sedan en 1870.

La branche aînée, aujourd'hui représentée par le marquis d'Oyron, porte :

*De gueules à la bande denchée d'or, accostée de deux molettes de même, une en chef, l'autre en pointe.*

Supports : *Deux lévriers passants.*

Cimier : *Un héron aux ailes éployées.*

Devise : *Oculis vigilantibus exit.*

D. P. — Sceau de 1450. — Peinture, tombeau de Guillaume, rétabli en 1874, en la cathédrale d'Angers. — Dom Lobineau, Histoire de Bretagne. — Audouys, mss. 994. p. 33. dit : *d'argent* au lieu *de gueules*, et la *bande d'azur*, ainsi que les *étoiles*, au lieu de *molettes*.

Les branches cadettes, représentées par le comte d'Oyron et le comte de Boisairault portent :

*D'azur à la bande dentelée d'or, accostée de deux étoiles de même.*

Sceau. — Mss. 993, Armorial des maires. — Gencien, mss. 996, p. 2. — Généalogie de la maison Fournier de Boisairault (à tort écrit Boisayrault) d'Oyron, par Carré de Busserolle, 1868, Tours, in-12 de 67 pages.

D'après d'"Hozier, mss., p. 616, Pierre Fournier, sieur de Boisairault, prévôt de Saumur, portait :

*D'argent à un ours passant de sable et un chef d'azur chargé de trois étoiles d'or.*


## Fournier de la Leauté.

*D'azur à trois chevrons d'or.*

D'Hozier, mss., p. 1213.


## Foussardière (de la).

V. Oger.


## Foussier.

*D'or à trois fasces ondées d'azur.*

D'Hozier, mss., p. 942.

*D'or à un chevron d'azur accompagné en chef de deux roses de gueules et en pointe d'un lion de même.*

D'Hozier, mss., p. 438.

## Foussier de la Dottée.

*D'azur à trois trèfles d'or.*
D'Hozier, mss., p. 925.


## Foy (de la).
V. Morisson.


## Foyer.

*D'azur au chevron d'or accompagné de trois croissants de même*
*ou d'argent.*
Mss. 703.

*De gueules à trois étoiles d'or.*
D'Hozier, mss., p. 1035.


## Fraignée (de la).
V. Gresseau.


## Fraimbur (de).
V. de la Chapelle.


## Frain du Tremblay, — du Planty, — des Gourdonnières; — dont Jean, auteur du xviie siècle; plusieurs magistrats angevins.

*D'azur à trois gerbes d'or posées deux et une.*

Audouys, mss. 994, p. 72. — de Maude, Arm. du Mans, p. 142.
— L'Armorial, mss. de Dumesnil donne aux du Planty *le champ*
*d'argent au lieu d'azur...* — D'Hozier, mss., p. 57 et le mss. 703
donnent aux du Tremblay : *De gueules au lieu d'azur.*


## Frain de la Vrilleré.

*D'azur à un chevron d'argent accompagné en chef de deux têtes*
*de buffle d'or et en pointe d'un croissant de même.*

D'Hozier, mss., p. 298.

## Fraisne (du).

*De gueules à trois bandes d'argent.*

Mss. 993. — V. du Fresne.


## Francboucher (de) de Sainte-Osmane.

*D'azur à deux rencontres de cerf arrachées d'or et en pointe d'une demi-anille d'or.*

Carré de Busserolle.


## Franc-Palais (de).

V. Pocquet.


## Francs (des) du Pas, — de la Bretonnière.

*D'argent à deux fasces de sable.*

Carré de Busserolle, p. 383. — de Maude, Armorial du Mans, dit : *D'argent à deux fasces d'azur* et M. Lambron de Lignim dit *de sable à deux fasces d'argent.*


## Françoisière (de la).

V. Foureau.


## Franquetot de Coigny, — de Saint-Thenis ou Saint-Henis, — du Lion d'Angers, — d'Andigné, — de Launay de la Mothaye, — de Montbourcher ; — dont deux maréchaux de France depuis 1741.

*De gueules à la fasce d'or chargée de trois étoiles rangées d'azur et accompagnées de trois croissants montants d'or posés deux et un.*

P. de Courcy. — Mss. 703. — Mss. 439. — Audouys, mss. 994, p. 75. — L'Armorial, mss. de Dumesnil, dit... *quatre croissants...* — Cette famille portait autrefois le nom de Guillot.


## Frapillonnière (de la).

V. de Cierzay.

**Frapinnière** (de la).

V. de Saint-Offange.

**Fregeolière** (de la).

V. Bernard.

**Freigné** (de).

V. de Ghaisne.

**Frejenière** (de la).

V. de la Furgeonnière.

**Freleunière** (de la).

V. Baraton.

**Fremeur** (de).

V. de la Pierre.

**Fremiou** (du).

V. de Domagné.

**Fremondière** (de la).

V. de Hillerin.

**Fremoulin** (de).

V. Sireuil.

**Frenaye** (de la) de Jarzé ; — dont Lancelot, chevalier de Malte en 1530.

*Écartelé d'argent et d'azur.*

Armorial, mss. de 1608. p. 24. — Mss. 995, p. 82. — Roger, mss. 995, p. 19. — Gencien, mss. 996, p. 38. — Le mss. 703 dit :

*D'argent à deux fasces de gueules à l'orle de huit merlettes de même.*

V. Fresneau.

## Frenaye (de la) de Gené.

*De gueules à six coquilles d'argent posées trois, deux et une.*

Armorial mss. de 1608. p. 24. — Roger, mss. 995, p. 13. —
Audouys, mss. 994, p. 74. — Gencien, mss. 996, p. 39. —
V. Louzil. — Chaperon. — de Sanglier. — Le Gras. — Lenfant.
— Turpin. — Hulin. — Fresneau.

## Frêne (du).

V. du Fresne.

## Freppel (Charles-Émile), né à Obernai le 1er mars 1827, nommé évêque d'Angers le 27 décembre 1869, préconisé le 21 mars 1870.

*D'azur à une abeille d'or.*

Devise d'Urbain VIII : *Sponte favos ægre spicula.*

Sceaux et imprimés officiels.

## Freslonnière (de la).

V. Baraton.

## Fresnais (des).

V. Meschine.

## Fresnay (du).

V. Blouin. — du Hardaz. — de la Roche. — Baralery. — du Bois.

## Fresnaye (de la).

V. de la Frenaye.

## Fresne (du).

*D'argent à trois molettes de sable.*

Gohory, mss. 972, p. 103.

## Fresne (du) de Mincé, — de Montigné ou Montigny, — dont un échevin d'Angers.

*D'argent à la fasce de gueules accompagnée de trois feuilles de fresne de sinople deux en chef et une en pointe.*

Audouys, mss. 994, p. 75. — Mss. 439. — D'Hozier, mss., p. 233.

## Fresne (du) de Vaux, — d'Auverse.

*D'argent au lion de gueules armé, couronné et lampassé d'or.*

Gohory, mss. 972, p. 80. — Armorial mss. de 1608, p. 21. — Roger, mss. 995, p. 20. — Audouys, mss. 994, p. 73. — Gencien, mss. 996, p. 38. — Mss. 995, p. 117. — Mss. d'Orléans et 703.

## Fresne (du).

V. Chabot. — de la Bouère. — Bazile. — Le Bascle. — de la Cour. — du Gast. — de Girard. — de Beauregard. — Bossoreille. — de la Tulaye. — de Meulles. — Prevost. — Lehoreau. — du Fraisne.

## Fresneau de la Fresnaye.

*Écartelé d'argent et d'azur.*

Audouys, mss. 994, p. 74. — V. de la Frenaye. — Le mss. 703 dit :

*D'argent à trois fasces de gueules chargées chacune de trois merlettes d'argent.*

## Fresneau des Fenouillères, — de Sanguile, — de Pierre-Fort, — de la Croix, — de Marigny; — dont Hardouin, conseiller du roi de Sicile au chastel d'Angers, lieutenant des capitaineries de la bastille de Saumur et de Montfaucon, mort en 1448.

*De gueules à deux fasces d'argent chargées chacune de quatre merlettes de sable à la bordure de sable.*

Armorial mss. de 1608, p. 24. — Gaignières, Armorial mss., p. 19 et Gencien, mss. 996, p. 38, Gohory, mss. 972, p. 6, disent : *huit merlettes d'argent posées trois en chef deux en cœur et trois en pointe...* — Roger, mss. 995, p. 7 et le mss. 995, p. 83, disent : *huit colombes d'argent posées trois, deux, trois...* — Gencien, mss. 996, p. 36 et Audouys, mss. 994, p. 73, disent : *à l'orle de huit merlettes de gueules...* Cette maison écartelait *d'argent à deux fasces de gueules...* qui est de Fromentières. — Un dessin de Gaignières à Oxford, d'après un tombeau à l'église des Jacobins d'Angers, donne à Hardouin les armes suivantes : *De gueules à deux fasces d'argent accompagnées d'une orle de merlettes de même.*

## Fresneau.

*D'azur à trois tours d'argent.*

D'Hozier, mss., p. 1027.

## Fresnel.

*D'azur à trois bandes d'or au chef de même chargé d'un lion naissant d'azur couronné de gueules.*

Gencien, mss. 996, p. 36.

## Fressinet (de).

V. Meric.

## Fretars (de) de Sauve.

*D'azur fretté d'argent.*

Gohory, mss. 972, p. 84. — Roger, mss. 995, p. 19. — Mss. 995, p. 91. — Gencien, mss. 996, p. 38. — Audouys, mss. 994, p. 74. — M. Carré de Busserolle dit : *de gueules au lieu d'azur...*

## Fretaud (Pierre), archevêque de Tours, 1335-1357.

*Fretté d'or et de gueules.*

Carré de Busserolle, p. 384.

## Fretault.

*De gueules à trois trèfles d'argent.*

D'Hozier, mss., p. 915.

## Fretay (du).

V. de la Marzelière.

## Fretelière (de la).

V. Chenu.

## Frettars (de).

V. de Fretars.

## Frette (de la).

*D'argent à trois fasces de sable.*

Gencien, mss. 996, p. 39.

## Freyzier (du).

*D'or à un chevron d'azur accompagné en chef de deux fraises posées en pal de gueules tigées de sinople. et en pointe d'une tête de léopard arrachée de gueules et un chef d'azur chargé d'une croisette d'or.*

D'Hozier, mss., p. 73.

## Frezeau de la Frezellière, — de Miré, — de Mons, — de la Gasnetière, — de la Roche-Thibault, — de la Renaudière, — de la Poitevinière, — de Taffonneau, — de Giseux, — de Lublé, — d'Avrillé, — de Lathan, — de Saché ; — dont Jean, chevalier de Malte en 1666.

*Burelé d'argent et de gueules de dix pièces à un cotice d'or brochant sur le tout.*

Supports : *Deux lions d'or.*

Cimier : *Un lion naissant de même.*

Gaignières, Armorial mss., p. 19. — Gencien, mss. 996, p. 38. — Mss. 993, 439 et 703.
L'Hist. de Malte, Ménage, D'Hozier, mss., p. 178, disent vraisemblablement à tort *à un cotice d'argent...*

Un mss. cité par Audouys dit :
*Écartelé aux un et quatre de... à deux bandes de... au chef échi-*

*queté de... et de... au deuxième et troisième de... à la bande de...*
*accompagnée de six merlettes de... trois en chef et trois en pointe.*

L'Armorial de 1608 et Gohory, mss. 972, p. 76, disent :

*De... à deux bandes mouvantes du chef de... au chef losangé de...*
*et de...*

## Frezeau (de).

V. Roussard.

## Frezelière (de la).

V. Frezeau.

## Fribaudière (de la).

V. de Meaulne.

## Fricon (de).

V. Fenouillet.

## Froger de la Baronnière.

*D'argent à trois quintefeuilles d'azur.*

Audouys, mss. 994, p. 74. — Mss. 995, p. 115. — L'Armorial
mss. de 1608, p. 24, Gohory, mss. 972, p. 57 et Roger, mss. 995,
p. 19, disent : *trois quintefeuilles de gueules...*

## Frogier de Pontlevoy ; — dont François, juge des traites foraines d'Anjou, 1630 ; Jean lieutenant de vaisseau en 1693.

*D'azur à deux gerbes en chef et un poinçon levé d'or.*

Armorial mss. de Dumesnil, p. 15. — P. de Courcy ne donne
pas *le poinçon...*

## Froidefonds (de).

V. de Cumont. — de Lorme. — du Puy.

## Froidefontaine (de).

V. Bordin.

## Fromageau.

*D'azur à une rose d'argent accompagnée de trois étoiles d'or, deux en chef et une en pointe.*

D'Hozier, mss., p. 912.

*D'azur à deux fasces d'argent.*

D'Hozier, mss., p. 930.

## Fromageau de Gastines.

*De gueules au sautoir d'or cantonné de trois étoiles et en pointe d'un croissant d'argent.*

Mss. 993.

## Fromentalière (de).

V. Begault.

## Fromenteraye (de la).

V. Barré.

## Fromentière des Estangs.

*De gueules à deux fasces d'argent.*

Audouys, mss. 994, p. 74. — Le mss. 993 et Audouys, mss. 994, p. 73, renversent les émaux.

V. de Montalais. — de Martineau.

## Fronsac (de).

V. Rouault.

Frotier de Bagneux, — dont Louis-Zénobe, préfet de
de Maine-et-Loire en 1826.

*D'argent au pal de gueules accompagné de dix losanges de gueules·*
Sceau.


Frotté ; — dont Jean-Baptiste, commissaire des guerres
en la généralité de Tours, en 1698.

*D'azur à trois quintefeuilles d'or posées deux et une.*
D'Hozier. mss., p. 167.


Froullay (de) de Tessé , — d'Ambrières , — de
Gastines ; — dont Charles, abbé de Saint-Maur en 1721,
évêque du Mans.

*D'argent au sautoir engrelé de gueules.*
Gencien, mss. 996, p. 39.


Frubert.

*De sable à trois molettes d'argent.*
Mss. 993.


Frubert de la Source ; — dont Claude, maire d'Angers
en 1594.

*Écartelé aux un et quatre d'argent à trois têtes de loup arrachées
de sable. posées deux et une ; au deuxième et troisième d'azur au
vol d'or surmonté d'une fleur de lis de même.*

Audouys, mss. 994, p. 73. — Gohory, mss. 972, p. 157. —
Armorial mss. de 1608, p. 25. — Gencien, mss. 996, p. 6. — Le
mss 703 dit : *têtes de loup arrachées de gueules : et le vol d'argent.*
— Le même, p. 38 et Gohory, mss. 972, p. 105, disent :

*Au deuxième et troisième d'azur à une fleur de lis d'or accom-
pagnée d'un vol de même, chaque aile jointe ensemble par un filet
nébuleux de même en pointe.*

**Fruchaud** (Félix-Pierre), évêque de Limoges puis archevêque de Tours, né à Trémentines (Maine-et-Loire), le 30 juillet 1811, mort le 9 novembre 1874.

*D'argent à deux branches de chêne et de laurier de sinople en sautoir, cantonnées de quatre croisettes de gueules.*

Devise : *Simpliciter et confidenter* (prov. 10. 9).

Sceaux et imprimés officiels. — A Tours. M^gr Fruchaud changea le champ de l'écu et porta : *D'or au lieu d'argent...*


## Frudonnière.

V. de Lamboul.


## Fucardière (de la).

V. du Verger.


**Fulgence** (Alexandre Guilhaume, en religion Dom Fulgence), abbé de Bellefontaine en 1830, † 1869.

*Parti d'argent à une croix de gueules ; parti d'azur à une fontaine d'argent accompagnée de trois étoiles d'or en chef, qui est de l'abbaye de Bellefontaine.*

L'écu timbré d'une mitre à dextre et d'une crosse tournée en dehors à senestre, surmonté d'une couronne d'épines et sommé d'un chapeau de sinople à trois rangs de houppes de même.

D. P. de N.-D. de la Trappe de Bellefontaine.


## Fumée de la Perrière.

*D'argent à six losanges de sable posés trois, deux et un.*

Sceau.


**Fumée** des Roches, — de Saint-Quentin, — des Fourneaux ; — dont Pierre, receveur des deniers de Tours, père d'Adam, médecin des rois Charles VII et Louis XI, puis chancelier de France ; Antoine, président aux enquêtes du Parlement de Bretagne en 1563, frère de Nicolas, évêque de Beauvais en 1570.

*D'azur à deux fasces d'or accompagnées de six besans d'argent sur le champ posés trois, deux et un.*

Gencien, mss. 996, p. 38. — Mss. 995, p. 120. — P. de Courcy.

## Furgeonnière (de la).

V. Le Jeune.

## Fuseaux (des).

*D'or à un griffon d'azur.*
D'Hozier, mss., p. 1212.

## Fusil.

*D'argent à une bande d'azur écartelé d'azur à une barre d'argent.*
D'Hozier, mss., p. 1516.

## Fuye (de la).

V. de Villemereau. — Dolbeau. — Ragot.

## Fyennes (de).

*D'argent au lion de sable.*
Mss. 995, p. 70.

# G

**Gabard**, curé de Maulévrier en 1700.

*D'or à trois aigles de sable.*

D'Hozier, mss., p. 1130.

**Gabard** (à Cholet).

*D'argent à un gabion de sable.*

D'Hozier, mss., p. 1338.

**Gabeau** (Nicolas) curé de la Poitevinière, 1698.

*De gueules fretté d'argent.*

D'Hozier, mss., p. 501.

**Gabeau**, curé de Saint-Germain, près Daumeray, en 1700.

*D'argent à un lévrier de sable et un chef d'azur chargé de trois besans d'or.*

D'Hozier, mss., p. 1398.

**Gabinellière** (de la).

V. du Tertre.

## Gaborin ou Gabory de Thouarcé, — de Lespinay, — de la Charpentraye, — d'Escorchebœuf, — du Pineau.

*D'azur à une épée d'argent posée en bande, la pointe en haut accompagnée de trois étoiles d'argent posées deux en chef et une en pointe.*

Audouys, mss. 994, p. 79. — Gencien, mss. 996, p. 41. — L'Armorial mss. de 1608, p. 25, Roger, p. 19, Gaignières, p. 26, et le mss. 995, p. 115, disent : *épée en fasce...* — L'Armorial mss. de Dumesnil, p. 15, le mss. 439, D'Hozier, mss., p., 518 et Audouys, mss. 994, p. 85, donnent aux Gaborin de Thouarcé et de la Forest-de-Clérembault :

*D'azur à trois trèfles d'or posés deux et un.*

Audouys, mss. 994, p. 85, le mss. 995, p. 115 et Gencien, mss. 996, p. 42, donnent aussi aux du Pineau :

*D'or à trois pommes de pin de gueules les pointes en haut, posées deux et une.*

## Gachet (Georges), curé de Tancoigné en 1699.

*De gueules à deux clefs d'argent adossées et posées en sautoir.*

D'Hozier, mss., p. 328.

## Gages (des).

V. Mondamer.

## Gagnerie (de la).

V. de Marans. — Pregent.

## Gaidon.

V. Guaisdon.

## Gaigné (de) de Loire.

*D'azur à six étoiles d'argent posées trois, deux et une.*

Mss. 439.
V. Nepveu. — Crespit.

## Gaignonnière (de la).

V. du Reau.

## Gaillardière (de la).

V. Bahourd.

## Gaillon (de).

V. de Martel.

## Gain de Nancré, — de la Gauronnerie, — de Fontenelle, — de Fontenay, — du Mur, — du Val.

*D'azur à trois bandes d'or.*

Carré de Busserolle, p. 391.

## Gaing.

*D'azur à la croix d'argent cantonnée de quatre fleurs de lis d'or.*

Gencien, mss. 996, p. 43.

## Galacherie (de la).

V. Mongers.

## Galais.

*D'azur au chevron d'or accompagné en chef de deux étoiles et en pointe d'un cœur de même.*

Mss. 993.

## Galais de la Biltière.

*De gueules à un sautoir d'argent.*

D'Hozier, mss., p. 1206. — V. Gallais.

## Galaisière (de la).

V. Boislevé. — Testu.

## Galembert (de).

V. Bodin.

## Galeway (de) ou (de) Galoway.

*D'or à la croix de gueules chargée de cinq étoiles d'or.*
Sceau.

## Galiata (de).

V. Caprée.

## Galicherie (de la).

V. des Hommes.

## Galichon (René), lieutenant général au présidial de Châteaugontier en 1698.

*D'azur à deux tanshières ou fers de faulx rangés en pal d'argent, et accostés en fasce de deux quintefeuilles d'or.*

D'Hozier, mss., p. 762.

## Galichon de Courchamp, — de Princé ; — dont Charles, chevalier d'honneur au présidial de Châteaugontier en 1710 ; Zacharie, receveur des traites foraines d'Anjou, père de Louis, conseiller au Parlement de Bretagne en 1633.

*D'azur à une fasce d'or accompagnée de trois merlettes d'argent deux en chef et une en pointe.*

De Courcy. — D'Hozier, mss., p. 507. — Audouys, mss. 994, p. 16, dit :

*D'azur à la fasce de sable et trois merlettes de gueules.* — Le même, p. 87, dit : *trois merlettes d'or...* — D'Hozier, mss., p. 763, donne aux Galichon de Courchamp les armes suivantes :

*D'or à un coq de contrehermines crêté, becqué, barbé et onglé de gueules.*

### Galissonnière (de la).

V. Barin.

### Gallais; — dont Jérôme, conseiller au présidial de Châteaugontier et assesseur à la maréchaussée en 1700.

*D'azur à trois lions d'or.*

D'Hozier, mss., p. 1207. — V. Galais.

### Gallechère (de la).

V. Chalopin.

### Gallerande (de).

V. Clermont.

### Gallerie (de la).

V. de La Marqueraye.

### Gallian.

*D'azur à une croix d'argent au titre de même qui est écrit : H. I. S. I., surmonté d'un coq au naturel au chef d'or.*

Gencien, mss. 996, p. 36.

### Gallicheraye (de la).

V. Menard.

### Gallichon.

V. Galichon.

### Gallois; — dont René, m<sup>e</sup> chirurgien à Craon.

*D'or à une bande fuselée de gueules.*

D'Hozier, mss., p. 1205.

Gallois ; — dont René, docteur en médecine à la Flèche en 1698.

*D'azur à deux roses d'or en chef et un trèfle de même en pointe.*
D'Hozier, mss., p. 339.

## Galonnière (de la).

V. Prévost. — Martineau. — Loriot.

## Gallorière (de la).
V. Le Clerc.

## Galotière (de la).
V. Brehier.

## Galtier ou Gilbert, archevêque de Tours en 1118-1125.

*De gueules à trois rocs d'échiquier d'or à la bordure échiquetée de six pièces aussi d'or.*

Douteux (Lambron de Lignim, Arm. des Arch. de Tours).

## Gamaches (de).
V. Rouault.

## Gamonnière (de la).
V. du Bouchet.

## Ganouillière (de la).
V. Prévost.

Garande ; — dont Pierre et Alexandre, grands archidiacres d'Angers au XVIIᵉ siècle.

*D'azur à un sautoir d'argent.*
D'Hozier, mss., p. 1203.

*D'azur à la gerbe d'or surmontée d'un soleil de même.*
Mss. 993.

## Garanne (de la).

V. Sureau.


## Garde (de la) ; — dont Joachim, capitaine au régiment de Languedoc, 1643 ; Pierre, capitaine au régiment de Limousin, 1711 ; Joachim-Scipion, conseiller-procureur du roi en la maîtrise des eaux et forêts des baillages du Vivarais et Velay, 1723 ; Henry, directeur du *Courrier d'Angers* en 1880.

*D'argent au cerf naturel élancé, au chef d'azur chargé de trois étoiles d'argent.*

D'Hozier, Ordonnance des Commissaires royaux des États du Languedoc, 1723 et 1769. — Borel d'Hauterive, Annuaire, 1854. — Armorial de Bachelin-Deflorenne. — D. P. — V. Adhémard. — Boucher. — Boscher.


## Garde (de la) de Chambonnas.

*D'azur au chef d'argent.*

Sceau.


## Gardeau (Jean), curé de Coutures en 1698.

*D'azur à un chevron d'or accompagné de trois lions d'argent, les deux du chef affrontés.*

D'Hozier, mss., p. 609.


## Gardes (des).

V. de Pierres.


## Gardisseul (de).

V. de Landes.


## Gardonnière (de la).

V. Bourel. — Menon.

## Garenne (de la).

V. de la Brunettière. — Fournier. — Dolbeau. — de Pincé. — Aveline.

## Gargilesse (de).

V. du Bost.

## Garguesalles.

V. Bigot. — Le Bigot.

## Garlande (de) de Tivry.

*D'or à deux fasces de gueules.*

Audouys, mss. 994, p. 86. — Mss. 995, p. 69.

## Garnier.

*D'or à trois aigles de gueules.*

D'Hozier, mss., p. 949.

*D'or à trois losanges de sable posés deux et un.*
Sceau.

## Garnier de Souvardaine; — dont Pierre et Thebault, taxés trois écus pour la rançon du roi Jean, en 1360, entre les nobles de Saint-Florent; et Roland, taxé un écu, entre les nobles de Chanteauceaux.

*D'or à trois coquilles de sable posées deux et une.*

Armorial mss. de 1608, p. 25. — Roger, mss. 995, p. 18. — Audouys, mss. 994, p. 80. — Gencien, mss. 996, p. 41. — Mss. 995, p. 106. — Mss. 703.

## Garnier de la Guerinière.

*D'azur au chevron d'or chargé en pointe d'un croissant de gueules et accompagné de trois étoiles d'or, deux en chef et une en pointe.*

Audouys., mss. 994, p. 84.

**Garnier** de Saint-Georges-sur-Loire, — de la Maison-Neuve.

*D'or au lion de gueules.*

Carré de Busserolle, p. 397.


**Garochère** (de la).

V. de Mouys.


**Garoullaye** (de la).

V. Veillon.


**Garrault** de Commoteau, — de la Cointerie, — de Blainville, — de Villemoy; — dont Louis, conseiller au Parlement de Bretagne en 1577.

*D'azur semé d'étoiles d'or au lion de même sur le tout.*

Audouys, mss. 994, p. 83. — P. de Courcy. — V. le nom suivant.


**Garreau.**

*D'azur à un paon rouant d'or.*

D'Hozier, mss., p. 1138.


**Garreau** (Jacques), curé de Pellouailles (?) en 1701.

*De sable à trois calices d'or posés deux et un.*

D'Hozier, mss., p. 1387.


**Garreau** de la Vallière, — des Terriers, — de la Barre; — dont Michel, sommelier du gobelet du roi Henri III, 1575; Marie, morte en odeur de sainteté, à Brissac, le 1er septembre 1681; Jacques-Pierre et Jacques-Jean-Alexandre, conseillers du roi, présidents au grenier à sel de Brissac, XVIIIᵉ siècle ; un conseiller à la Cour d'appel d'Angers en 1880.

*D'argent au chevron de gueules accompagné de deux croix pattées de même en chef et d'une rose de même en pointe.*

Sceau. D. P. — V. Garrault.

## Garsalan (de) ou Garsanlan de Juillé, — de la Perrière ; — dont deux maîtres des comptes depuis 1705 ; René, conseiller du roi au présidial d'Angers en 1698.

*Fascé de huit pièces de gueules et d'argent à un chef d'or chargé de deux lions affrontés l'un de gueules et l'autre de sable lampassés et armés de gueules.*

D'Hozier, mss., p. 138. — Audouys, mss. 994, p. 89. — Bulletin de Soland, 1869, p. 33.

## Gascherie (de la) ; — dont un conseiller du roi, grenetier au grenier à sel de Saint-Remy en 1700.

*Échiqueté d'or et d'azur.*

D'Hozier, mss., p. 1031.

## Gasnay (de) de Marolles.

*Gironné d'or et de gueules à une bordure de sable.*

D'Hozier, mss., p. 1394.

## Gasneau (Jean), curé d'Athée en 1700.

*D'argent à une croix ancrée d'azur.*

D'Hozier, mss., p. 1198.

## Gasnerie (de la).

V. Le Gay.

## Gasnetière (de la).

V. Frezeau.

## Gasselin des Haies-Gasselin, — de Chanzeaux, — de la Chetardière ; — dont Pierre, artiste peintre en 1652.

*D'argent au lion de sable couronné de même, armé et lampassé d'or, accompagné de trois molettes de sable posées deux et une.*

Cauvin. — Mss. 703.

## Gassion (de).

*D'or à deux loups de sable passant l'un sur l'autre.*

D'Hozier, mss., p. 1002.

## Gast (du) de Montgauger, — de Fontenailles, — de Lucé.

*D'azur à cinq besans d'or posés deux, deux et un.*

Mss. 995, p. 70. — V. Crespin. — Dugats. — du Gats.

## Gasté ; — dont Florimont, chanoine de Saint-Pierre d'Angers en 1698.

*De gueules à trois étoiles d'or.*

D'Hozier, mss., p. 967. ·

*De sable à deux fasces d'argent, la première surmontée en chef de deux étoiles d'or et la deuxième d'un léopard de même.*

Audouys, mss. 994, p. 86.

## Gasteau ; — dont un constructeur au grenier à sel de Cholet en 1700.

*De sinople à une croix d'or semée de billettes de gueules.*

D'Hozier, mss., p. 1344.

**Gastevin** (de).

V. Guérin.

**Gastineau** ; — dont Jacques, directeur de l'Académie d'Angers en 1779, exécuté en 1794.

*D'argent à trois jumelles de sable.*

Audouys, mss. 994, p. 85. — Gencien, mss. 996, p. 42.

**Gastineau** (de).

*D'azur à trois fusées d'or posées en fasce.*

Carré de Busserolle, p. 398.

**Gastinel** de la Foulletière, — du Bois de Chazé, — du Pont-Vian, — de la Hallerie.

*De sinople à trois fusées d'or posées en fasce.*

Audouys. mss. 994, p. 78. — Mss. 993.

**Gatinais** (de la).

V. Bernard.

**Gastine** (de).

V. Le Bigot. — Thorodes. — de Charnacé. — Poisson. — L'abbé. — d'Echemiré. — de Clereau. — Fromageau. — Lezineau. — Guérin. — de Girard. — d'Avoine.

**Gasville** (de).

V. Goujon.

**Gats** (du) du Fresne.

*D'azur à trois étoiles d'or au croissant d'argent mis en cœur.*

Audouys, mss. 994, p. 85. — V. de Lille. — du Gast.

## Gatelinière (de la).

V. de Marconnay.

## Gatines (de).

V. de Gastines.

## Gaubert (de).

V. de Scepeaux. — Saugeais. — de la Saugère.

## Gaucher Le Marié.

V. Le Marié.

## Gaucherie (de la).

V. Rouillé. — Maugas. — Bitault. — de Sainte-Cécile.

## Gaudicher d'Auversey ou d'Aversé, — du Plessis-Roland, — de la Coutardière, — de la Groussinière, — des Roches, — de Princé ; — dont Charles, maire d'Angers de 1759 à 1762.

*D'azur au chevron d'or couvert d'un arc-en-ciel de même, accompagné en chef de trois étoiles rangées et en pointe d'un lion naissant et un croissant, le tout d'or.*

Audouys, mss. 994. pp. 83, 79. — Armorial mss. de Dumesnil, p. 15. — Le mss. 439 dit : .... *Un croissant d'argent en pointe....* Le jeton municipal gravé en 1763, porte : *D'azur au chevron d'or accompagné en pointe d'un lion rampant de même et en chef de trois étoiles d'or rangées.*

## Gaudière (de la).

V. de Lossandière.

## Gaudin (à Cholet).

*De sinople à une fleur de lis d'or accompagnée de trois tasses de même, deux en chef et une en pointe.*

D'Hozier, mss., p. 1337.

## Gaudin de Sassé.

*D'azur semé de fleurs de lis d'argent.*

Mss. 993.

## Gaudin de Martigné, — de Ferchault, — de Champreux, — de Lesdiguères, — de Bonnes.

*De gueules au lion d'or au chef cousu d'azur chargé de trois roses d'argent.*

Mss. 995, p. 77. — Le même, p. 120, donne aux Gaudin de Martigné et de Ferchault.

*D'azur à la fasce d'or accompagnée de trois quintefeuilles d'argent.*

## Gaudinière (de la).

V. Aubery. — du Breil. — Poulain. — de Maynières. — de Mascureau. — Le Gris.

## Gaudon.

*D'or à un chêne de sinople.*

D'Hozier, mss., p. 890.

## Gaudon (Simon), élu en l'élection d'Angers, 1698.

*D'argent à une bande d'azur chargée d'un croissant d'argent et accostée de deux étoiles d'azur.*

D'Hozier, mss., p. 951.

## Gaudon de la Terrauderie ; — dont Jean, échevin et consul à Angers au XVIIe siècle.

*Coupé d'or et de gueules à un lion aussi coupé de l'un en l'autre.*

D'Hozier, mss., p. 941.

## Gaudouin de Chenevert.

*De gueules à six billettes d'or posées trois, deux et une.*
D'Hozier, mss., p. 938.   ▸

## Gaudrée (de la).

V. de Chevreue. — Trochon.

## Gaudronnière (de la) ; — dont un conseiller du roi, grenetier au grenier à sel de Cholet en 1700.

*D'argent à un navire de sable.*
D'Hozier, mss.. p. 1345

## Gaulerie (de la).

V. Brivedeau.

## Gauld ; — dont Laurent, greffier au grenier à sel de Pouancé, 1698.

*De gueules à une fasce d'or chargée d'une coquille de sable.*
D'Hozier, mss., p. 876. — V. Gault.

## Gaulleraye (de la).

V. Dosdefer.

## Gaullerie (de la).

V. Le Bouteiller.

## Gaullier (de) de la Grandière ; — dont Adrien, premier avocat général à Angers, 1828 ; Adrien, capitaine adjudant-major aux chasseurs à pied de la garde, tué à Sébastopol en 1855.

*D'azur à un chevron d'or accompagné de trois croissants de même.*
Sceau.

*D'azur à deux étoiles d'argent au chef cousu de gueules chargé de trois tours aussi d'argent* qui est Benoist de la Grandière *et en abîme* de Gaullier (comme ci-dessus).

Devise de Benoist de la Grandière qui est : *Vir amator civitatis.*

Carré de Busserolle, p. 404.


## Gaullier des Bordes.

*Coupé au premier d'or à trois croissants d'azur ; au deuxième, de gueules au chevron d'argent.*

Carré de Busserolle, p. 404.


## Gault.

*D'azur à la fasce d'argent.*

Mss. 995, p. 77.


## Gault (Philippe), chanoine de Saint-Pierre d'Angers, 1698.

*D'argent à deux fasces d'azur.*

D'Hozier, mss., p. 966. — V. Gauld.


## Gault de la Grange ; — dont un avocat, procureur au présidial d'Angers, 1700.

*Bandé d'argent et de sable de huit pièces.*

D'Hozier, mss., p. 1276.


## Gault du Plessis, — de Rougemont, — du Tertre, — de l'Épinardière, — du Bay.

*D'azur à l'épervier d'argent perché de même, membré, becqué et grilleté d'or.*

Potier de Courcy, Armorial de Bretagne.

## Gaultier (à Durtal).

*D'azur à un gantelet d'argent couronné d'or.*

D'Hozier, mss., p. 1427.


## Gaultier †; — dont un conseiller du roi, grenetier au grenier à sel de Cholet, 1700.

*D'argent à trois gantelets de sable posés deux et un.*

D'Hozier, mss., p. 1314.

*D'argent à une bande fuselée de six pièces de sinople accompagnée de deux tourteaux de même, un en chef et l'autre en pointe.*

D'Hozier, mss., p. 732. — V. Gautier.


## Gaultier (Jacques), abbé de Pontron, mort en 1671.


## Gaultier de Meignannes; — dont R., dessinateur et géomètre au XVIIᵉ siècle.

*D'azur aux flammes issantes de la pointe de l'écu de... au chef de... chargé de trois étoiles rangées de...*

Devise : *Ad sidera tendo.*

Gravure de l'Invention nouvelle et briève pour réduire en perspective, par le moïen du quarré, toutes sortes de plans et corps..., par R. G. S. D. M. (La Flèche, G. Griveau, 1648, in-4ᵒ de 110 ff. et planches).


## Gaultier de la Guissetière; — dont François, conseiller au présidial de Nantes; un député de Nantes aux États de 1770; un gendarme du roi en 1784, chevalier de Saint-Louis.

*Coupé de sinople à deux pommes de pin au naturel, et d'or à une pomme de pin au naturel.*

Sceau. — De Courcy.

**Gaultier** d'Aussigné, — de Lavau-Festu, — de la Cheuvière, — de la Baronnière, — de la Bourgonnière.

*D'argent à trois fusées de sable posées en pal et rangées en fasce.*

Armorial mss., de 1608, p. 25. — Gaignières, Armorial mss., p. 20. — Audouys, mss. 994, p. 78. — Mss. 995, p. 92. — Gencien, mss. 996, p. 40. — Gohory, mss. 972, p. 47.

**Gaultier** de Boumois, — de la Varenne, — de la Veranderie.

*D'azur au chevron de... accompagné en chef de deux étoiles d'or et en pointe d'une rose de gueules.*

Audouys, mss. 994, p. 79.

**Gaultier** de la Blanchardière ; — dont Jacques, maire d'Angers en 1601.

*D'azur à la fasce d'or au lambel alaisé de trois pendants d'argent posés en chef et à la croix de même en pointe.*

Audouys, mss. 994, p. 79. — Mss. 993. — Gencien, mss. 996, p. 6. — Mss. 703. — Gohory, mss. 972, p. 158.

**Gaultier** de Bruslon, — de Launay, — de Lesglionière, — de Quincé, — de Fontaine, — du Douet-Sauvage ; — dont Jean, auteur angevin, XVIIᵉ siècle ; René, chevalier de Saint-Lazare, de Jérusalem, de Notre-Dame du Mont-Carmel, colonel, conseiller général de Maine-et-Loire, mort en 1811 ; Jacques, président au présidial de Tours et député aux États-Généraux de Paris en 1614 ; Jean, procureur du roi au présidial de Châteaugontier ; et plusieurs conseillers du Parlement de Bretagne, depuis 1571.

*D'azur à une rose d'argent posée en cœur, accompagnée en chef de deux étoiles d'or et en pointe d'un croissant de même.*

Devise : *Crescentur ad sidera.*

Mss. 703. — Audouys, mss 994, p. 78 et Ménage, p. 223, disent : *... deux molettes d'éperon d'argent au lieu de deux étoiles d'or en* chef... — Mss. 993. — D'Hozier, mss.. pp. 154. 432, donnent aux seigneurs de Bruslon et de Quincé : *une bordure de gueules...* pour brisure, et d'Hozier, mss. p. 1206, attribue aux Gaultier de Bruslon et de la Glorière, les armes suivantes :

*D'azur à trois bandes d'or.*

V. Gautier.

## Gaultier de la Grange, — de Chanzé, — du Breuil, — de la Pasquerie, — de Chanté, — des Places ; — dont Jacques, maire d'Angers en 1635-1636, conseiller du roi au siège présidial d'Anjou ; et Claude, capitaine en chef du régiment de Poitou en 1663 ; Mathieu, doyen du chapitre royal de Saint-Martin d'Angers, 1696.

*D'or à une fasce de gueules accompagnée en chef de deux merlettes et en pointe d'une étoile de même.*

Gohory, mss. 972, p. 162. — Mss. 703. — D'Hozier. mss., p. 58. — Mss. 439 et 993. — Gencien, mss. 996, p. 7. — L'Armorial, mss. de Dumesnil, p. 15 et Audouys, mss. 994, p. 78, disent : *D'argent à la fasce d'azur et deux merlettes de sable...* — D'Hozier, mss. p. 570, dit : *deux molettes au lieu de deux merlettes.*

## Gaultraye (de la).

V. de Launay. — de Masseille.

## Gaultret.

*Burelé d'or et de sable à une cotice d'argent sur le tout, posée en bande.*

Audouys, mss. 994, p. 87. — V. Roussard.

## Gaure (de).

*De gueules à trois léopards d'argent couronnés d'or.*

Mss. 995, p. 74.

## Gaureau de la Farge.

*D'azur à une colombe d'argent tenant en son bec un petit rameau d'olivier d'or, écartelé aussi d'azur à un rocher de trois monticules d'argent.*

D'Hozier, mss., p. 157.

## Gaures ou Haures de l'Aulnerie.

*D'argent au sautoir engrelé d'azur chargé de cinq étoiles de six raies d'or.*

Archives de M. de Farcy, miniature, xviᵉ siècle.

## Gaurière (de la) ou de la Gauvière.

*Écartelé au premier et au quatrième de Bretagne (ou d'hermines); aux deuxième et troisième d'or à la bande d'azur.*

Gencien, mss. 996, p. 41. — Armorial de 1608, p. 25. — Gohory, mss. 972, p. 52. — Audouys, mss. 994, pp. 80, 85. — Gaignières, Armorial mss., p. 22. — Roger, mss. 995, p. 10. — Mss. 995, p. 117. — V. de la Gauvrière.

## Gauronnière (de la).

V. Gain.

## Gautier (à Saumur).

*De gueules à une licorne d'argent.*

D'Hozier, mss., p. 1004.

## Gautier (Simon), chanoine de Saint-Denis de Doué, 1698.

*D'or à trois pals de sinople.*

D'Hozier, mss., p. 1018.

## Gautier (de).

*De gueules à une croix ancrée d'argent le milieu lié en sautoir, cantonnée au premier canton d'un croissant de même.*

D'Hozier, mss., p. 357. — V. Gaultier.

## Gautraie (de la).

*De sinople à trois barres d'or.*

D'Hozier, mss., p. 1399.

## Gautraise (de la).

V. de Launay. — de Brossard.

## Gautreau ; — dont François, avocat au Parlement, procureur au présidial d'Angers, 1700.

*D'argent à trois roues de gueules posées deux et une.*

D'Hozier, mss., p. 1267.

## Gautreau (de).

*D'argent à deux chevrons de gueules au chef d'or chargé d'un cœur de gueules accosté de deux roses d'azur.*

Sceau.

## Gautrêche (de la).

V. Clérembault.

## Gautret (de).

V. Bernard. — Gaultret.

## Gauvière (de la).

V. de la Gaurière. — de la Renardière.

## Gauvin.

*D'azur à un mouton passant d'argent.*

D'Hozier, mss., p. 654.


## Gauvin du Plantis.

*D'argent à la croix fleurdelisée d'azur.*

Mss. 703.


## Gauvrière (de la) du Paty.

*D'argent à trois aigles de sable posées deux et une.*

Gohory, mss. 972, p. 63. — Armorial mss. de 1608, p. 26. — Roger, mss. 995, p. 19. — Gencien, mss. 996, p. 41. — Audouys, mss. 994, pp. 82, 85. — V. de la Gaurière. — Berault. — de Torchart.


## Gavrière (de la).

V. de la Gaurière.


## Gay (du).

*Fascé d'or et d'azur au chef de sable chargé de deux têtes arrachées de lévrier d'argent, accolées de même.*

Gaignières, Armorial mss., p. 19. — **V. Le Gay.**


## Gay (du) du Verger.

*D'argent à trois quintefeuilles de gueules posées deux et une.*

Armorial mss. de Dumesnil, p. 15.


## Gay (du) de la Fautrière, — de la Gasnerie, — de Sorges, — de la Bouère, — de la Guimonnière.

*Écartelé aux un et quatre d'argent à trois quintefeuilles de gueules, au deuxième de gueules à l'orle de coquilles de sable, au troisième de gueules au lion d'argent couronné et armé d'or, le champ semé de billettes d'or sur le tout.*

Mss. 703. — Mss. 995, p. 85.

Gazeau (de) de la Turpinière, — du Plessis-Saint-Florentin, — de la Bouère, — de Longcôme, — de la Jarye, — des Noues, — de la Sauvagerie, — d'Actu; — dont Armand, ancien page du duc d'Orléans, commandant sous la Rochejaquelein en 1794.

*D'argent au pélican de sable dans son aire de même.*

Mss. 703. — Audouys, mss. 994, p. 82. — M. de Busserolle, p. 408, donne aux Gazeau de la Bouère et du Plessis :

*D'azur au chevron d'or accompagné de trois trèfles de même.*
V. Amaury.

## Gazigny (de).

V. Gilles.

## Gazon (de)

V. Grimaudet.

## Gebert (de) de Noyant, — de Baugé.

*Écartelé aux un et quatre d'azur à une fleur de lis d'or ; aux deux et trois d'argent à trois rosas de gueules posées deux et une.*

Cimier : *Un léopard d'or.*
Supports : *Deux léopards de même.*

Carré de Busserolle.

## Gebourdière (de la).

V. des Hommeaux.

## Gedouin de la Boessière, — de la Dobiais, — de Mouligné, — de la Boulaye, — de Marolles, — d'Ercé; — dont Guillaume, sénéchal de Rennes en 1490; un président à mortier en 1618; un page du roi en 1677; un gouverneur de Morlaix † en 1702.

*D'argent à un corbeau de sable.*

Sceau. — de Courcy, Armorial de Bretagne.

## Gedouine (de).

V. de l'Espine.

## Gedouinnière (de la).

V. de l'Espine.

## Geffardière (de la).

V. Goullard.

## Gehere.

*De gueules à trois bandes d'argent.*

D'Hozier, mss., p. 964.

## Gehier (à Angers).

*D'azur à une levrette passante d'argent, accolée de sable surmontée d'un croissant d'or.*

D'Hozier, mss., p. 910.

## Gélée (à Soulangé).

*D'argent à une fasce de gueules surmontée de trois roses de même.*

D'Hozier, mss., p. 1013.

## Gelinière (de la).

V. du Melay.

## Gellent (Nicolas), évêque d'Angers, en 1260-1291.

*Écartelé au premier losangé d'argent et de gueules* qui est de Turpin, *au deuxième d'argent à sept merlettes de gueules en orle au canton senestre de gueules* qui est de Chemillé, *au troisième de gueules fretté d'argent* qui est de Gellent, *au quatrième d'or à la croix ancrée de gueules.*

Lehoreau, n° 7. — Mss. 703. — Mss. 993. — de Livonnières, Histoire des évêques, n° 6. — Roger, Histoire d'Anjou, p. 277, donne à Nicolas Gellent : *le sinople losangé* .. — Ballain, p. 317, ajoute comme supports : *deux maures au front bandé d'argent, les reins de même, le carquois en sautoir sur le dos et l'arc en main.*

## Gemmeraye (de la).

V. du Rateau.

## Gemmoniére (de la).

V. Pilot.

## Genault (de).

V. de Conquessac.

## Gencian ou Gencien d'Érigné, — de Mur, — de Vaux, — de Saint-Maquaire ; — dont Jacques, qui se distingua à la bataille du Mans, en 1304.

*D'argent à trois fasces vivrées de gueules, une bande d'azur semée de fleurs de lis d'or brochant sur le tout.*

Gohory, mss. 972, p. 117. — Mss. 439. — Armorial mss. de Dumesnil, p. 15. — Audouys, mss. 994, p. 76. — Gencien, mss. 996, p. 40. — D'Hozier, mss., p. 710 et le mss. 995, p. 80, disent : *De gueules à trois fasces vivrées d'argent...* — *La bande fleurdelisée* fut concédée par Philippe le Bel.

## Gencien des Bruyères.

*D'or au lion de sable.*

Mss. 993.

## Genderie (de la).

V. Morin.

## Gendrault de Chambon ou de Chamboy.

*D'azur au chevron d'or accompagné de trois demi-vols d'argent, deux en chef affrontés et un en pointe.*

Mss. 439. — Audouys, mss. 994, p. 85.

## Gendronnière (de la).

V. Amyot. — Guérin.


## Gendry ; — dont un greffier de la justice ordinaire à Craon en 1700.

*D'argent à trois chevrons de sable.*

D'Hozier, mss., p. 1212.


## Gené (de).

V. de la Frenaie.


## Generie (de la).

V. de Jonchères.


## Genesnaudière (de la).

V. de la Haye.


## Genest (du) de Preuilly, — de la Roche-Bellouin.

*D'argent à trois tourteaux d'azur posés deux et un et neuf hermines de sable posées trois, trois, deux, une.*

Mss. 993. — V. Cheorcin.


## Genetay (de).

V. de la Jaille. — de Maulay. — de Ghaisne. — Le Clerc. — d'Auvé.


## Genève (de).

*Échiqueté d'or et d'azur de cinq points.*

Mss. 995, p. 59.

## Genevraie (de la).

V. Duvau.


## Geniébre (de).

V. d'Auvé.


## Gennes (de); — dont Marie et Louise, abbesses du Perray-aux-Nonains en 1585 et 1627.

*D'or à une fasce d'azur chargée de trois besans d'or.*

D'Hozier, mss., p. 1028. — V. Poisson. — du Laurens. — Morel. — de Bournan.


## Gennes (de) de Launay-Baffer, — de la Guespière, — de Charron, — de la Roullerie, — de Denezé, — de Vaufoulier; — dont Jean, ligueur; Ambroise et François, chevaliers de Malte en 1579 et 1660.

*D'hermines à la fasce de gueules.*

Gohory, mss. 972, p. 97. — Mss. 703. — Armorial mss. de Dumesnil, p. 15. — Mss. 439. — Audouys, mss. 994, pp. 80, 85, 105. — Gaignières, Armorial mss., p. 22. — Mss. 995, p. 100. — Gencien, mss. 996, p. 46.


## Gennes (le bourg de), aujourd'hui chef-lieu de canton.

*De sable à une salamandre d'or couronnée de même, reposant dans des flammes de gueules.*

D'Hozier, Armorial de 1696.

M. Célestin Port attribue à Gennes-sur-Loire un cachet du xviii⁰ siècle portant dans le champ timbré d'une couronne de marquis : *D'or à la croix pattée de gueules* qui est du Tillet, chargée d'un écu *parti aux premier et troisième* de Gastines, *aux deux et quatre* de Fournier. Légende, *Sceau des chatel. de Gennes-sur-Loire* (Dictionnaire de Maine-et-Loire, II, p. 249).


## Genneville (de).

V. Budan.

## Genouillac (de).

V. du Verdier.

## Genouillé (de).

V. du Cambout. — de Cambourg.

## Genouillerie (de la) de Martigné, — de Villenoble, — de Maligné, — de la Morinière, — d'Orthon, — de Saint-Pair.

*D'azur à trois genouillères d'armes anciennes d'argent posées deux et une.*

Mss. 439. — Audouys, mss. 994, pp. 126, 83. — Dumesnil d'Aussigné, p. 16. — Gencien, mss. 996, p. 51. le mss. 995, pp. 81, 88, disent : *De gueules* au lieu *d'azur.* — V. Martigné.

## Gentian ou Gentien.

V. Gencien.

## Gentienne (de).

*D'argent à trois fasces danchées de gueules à la bande semée de France sur le tout.*

Ballain, mss., p. 637.

## Gentillé (de).

V. de la Croix.

## Geoffroy-Grisegonelle, comte d'Anjou.

V. Anjou.

## Georgie (à Angers).

*D'or à un lion d'azur.*

D'Hozier, mss., p. 944.

## Georginière (de la).

V. Rousseau.

## Gerbaudière (de la).

V. Buor.

## Germain (Julien), chanoine de Saint-Maurille d'Angers, 1698.

*D'argent à une aigle de sinople.*

D'Hozier, mss., p. 965.

## Germain de Valcour ; — dont Michel, conseiller secrétaire du roi en 1697.

*D'azur à une fasce d'or chargée de trois losanges et deux demis de gueules.*

D'Hozier, mss., p. 172.

La femme de Michel, Marie Breault, portait :

*D'azur à deux étoiles d'argent en chef et un croissant de même en pointe.*

D'Hozier, mss., p. 621.

## Germaincourt (de) de Bufles.

*D'azur à trois têtes de lion d'or posées deux et une.*

Audouys, mss. 994, p. 88.

## Germannerie (de la).

V. Audouin. — de la Bahoullière.

## Germiny (de).

*D'azur à un écu d'argent en cœur.*

Gencien, mss. 996, p. 36.

## Germon (de).

V. de Charbonnier.

## Germonnières (des).

V. Pillot.

## Geslin (à Angers).

*D'azur à trois cors de chasse d'or posés deux et un.*

D'Hozier, mss., p. 904.

## Gesmeraye (de la).

V. Rousseau.

## Gesté (de).

V. du Plessis. — de la Brunetière. — Papin.

## Gesté (le prieuré de).

*De gueules à une croix dentelée d'argent.*

D'Hozier, mss., p. 873.

## Gesvreau (de).

V. Chouet.

## Ghaisne (de) ou de Ghisne de Bourmont, — de Roupreux, — de Keraufret, — de la Motte, — du Gennetay, — de Saint-Michel du Bois, — de Freigné, — de la Cornuaille, — de la Verrerie, — de la Vengealière, — de Guesnay, — de Saint-Herblon, — de la Buscherie, — de la Vilaine, — de Cordemais, — de Belligné, — de la Haie-Mahéas, — de Saint-Gemmes, — de la Brècherie ; — dont Baudouin, bailli de Saint-Omer, qui combattit près du roi Jean ; Pierre, capitaine d'une compagnie de gens d'armes

en 1626 ; Nicolas, conseiller au présidial du Mans en 1680, secrétaire du roi à la grande chancellerie en 1701 ; Pierre, capitaine au régiment de la Meilleraye, 1657 ; Marie-Henri et Louis-Henri, chevaliers de Saint-Louis, lieutenants des maréchaux, en Bretagne, 1662 et 1750 ; Louis-Marie, aide de camp du prince de Condé, chevalier de Saint-Louis, 1772 ; Louis-Auguste-Victor, pair et maréchal de France, ministre de la guerre, mort en 1846, etc.

*Écartelé aux un et quatre, vairé d'or et d'azur qui est de Ghaisne, aux deux et trois fascé de vair et de gueules de six pièces qui est de Courcy, les premier et quatrième chargés d'un franc quartier de sable au chef d'argent qui est de Gand.*

Supports : *Deux lions — couronne de comte — l'écu posé en abîme sur deux fanons aux armes* de Ghisne et de Gand.

D'Hozier, mss., Généralité de Bretagne, p. 2.

Devise : 1° *A. Ghisne, Gand, Coucy !*

— 2° *Charité, Valeur, Loyauté !*

— 3° *Toujours à Dieu ! Toujours au droit !*

Cri de guerre : *Berne ! Berne !*

D'Hozier, Armorial gén. imp. complément, registre 7.

**Gibot de la Perinnière, — de Moulin-Vieux, — du Portault ;** — dont Luc, conseiller général de Maine-et-Loire en 1831 ; deux chevaliers de Malte en 1667 et 1691 ; deux pages du roi, 1710-1728.

*D'argent au léopard de sable.*

Armorial mss. de Dumesnil, p. 15. — Mss. 439. — D'Hozier, mss., p. 63. — Audouys, mss. 994, p. 78. — Mss. 703.

Cette Maison écartelait de Courtalvers, au Maine qui est : *D'azur au sautoir d'or accompagné de huit losanges de même.*

Sculpt. au château de la Mauvaisinière, Armorial mss. de 1608, p. 28, Roger, mss. 995, pp. 17, 18, Gaignières, Armorial mss., p. 25, le mss. 995, p. 108, Gohory, mss. 972, pp. 45, 52 et Gencien, mss. 996, p. 41, disent :

*De gueules au lion passant d'argent.*

## Gié (de).

V. de Rohan.


## Giffart.

*D'or à trois pals de gueules.*

Gencien, mss. 996, p. 39, d'après le Cartul. de La Haie-aux-Bons-Hommes.


## Giffart (de) de Vaux, — de Navone.

*D'azur à trois fasces ondées d'or à une bande de gueules brochant sur le tout, chargée de trois lions d'or.*

D'Hozier, mss., p. 176.


## Giffart de la Roche-Giffart, — de la Perrine, — de Combrée, — de la Chotardière, — de Noireterre, — de la Mazelière, — de Marigné.

*D'argent à la croix engrelée de sable, chargée de cinq coquilles d'or, cantonnée de quatre lionceaux de gueules, armés, couronnés et lampassés d'or.*

Audouys, mss. 994, p. 78. — Gencien, mss. 996, p. 40. — Le mss. 995, p. 94, dit : *coquilles d'argent.* — Les Giffart de la Mazelière ont écartelé de la Mazelière qui est *de sable à trois fleurs de lis d'argent.*

Le mss. 993, d'Hozier, mss., p. 234 et une sculpture du château de Serrant, donnent : *la croix engrelée de gueules...* — Le mss. 703, donne aux Giffart de Combrée et de Marigné :

*D'or à la croix engrelée de gueules cantonnée de quatre lions d'azur.*


## Gigost d'Elbée ; — dont Maurice, général vendéen.

V. d'Elbée.


## Gigault ; — dont Joseph, avocat au Parlement, 1698.

*D'or à une bande de sable.*

D'Hozier, mss., p. 1016.

Gilart de Larchantel, — de Keranflech, — de Milizac, — de Keranroux, — du Loc'hant.

*De gueules à deux clefs d'argent en sautoir, les gardes en bas.*

Devises : *De Gilart servant. — Et pour et contre.*

Potier de Courcy.

## Gilberdière (de la).

V. Le Breton.

## Gilbert de Fontaines.

*D'azur à une aigle éployée d'or.*

Audouys, mss. 994, p. 85.

## Gilbertière (de la).

V. Baudry.

## Gilbourg (de).

V. de Maillé. — de Jalesne.

## Gille.

*D'argent à trois cors de chasse de sable posés deux et un.*

D'Hozier, mss., p. 1027.

Gilles de Beaumont, — de Volaine, — de Chaumont, — de Beauvais, — du Plessis-Raymond, — de la Quantinière, — de la Barbée, — de la Berardière ou de la Brardière, — de la Grée, — de Fontenailles, — de Grassigny, — de la Chauvière, — de Baigneux, — de la Grue, — du Bois de Soulaire ; — dont Jean, maire d'Angers en 1643 ; Charles, trésorier général des Finances, à Tours 1696 ; Claude, lieutenant-colonel du régiment de Crussol, mort en 1726 ; François, définiteur général des Cordeliers en 1705 ; Louis, capitaine au régiment d'Orléans, 1727 ; Pierre, commandant de la Redoute d'Andaye, 1712.·

*D'argent à trois biches passantes de gueules, deux en chef et une en pointe.*

Mss. 703. — D'Hozier, mss., pp. 69, 82, 135, 340, 423, 534. 535. — Armorial mss. de Dumesnil, p. 15. — Audouys, mss. 994. p. 78, le mss. 439, Gencien, mss. 996, p. 7, ajoutent : *chaque biche dardée par le col d'une flèche de gueules en barre, la pointe en bas...* et Gohory, mss. 972, p. 163, donne à Jean, maire d'Angers : *les biches de sable et chacune percée par le col d'une flèche de gueules.*

### Gilles de Pavant.

*Écartelé en sautoir aux premier et quatrième fascé d'or et d'azur de trois pièces, aux deux et trois de gueules à un roc d'échiquier d'or.*

Mss. 993.

### Giletterie (de la).

V. Bruneau.

### Gillier de Clérembault, — de Puigareau, — de Saint-Rémy-en-Mauges, — de Marmande, — de Villedieu, — de Mauzé, — de Faye-la-Vineuse, — de Ports, — de la Celle-Saint-Avant, — de Grouin, — de Barrault, — de Sepmes, — de Haute-Claire, — de la Roche-Clermault, — de Verneuil, — de la Tour ; — dont Bonaventure, gentilhomme angevin, maître-d'hôtel de François Ier.

*D'or au chevron d'azur accompagné de trois macles de gueules, deux en chef et une en pointe.*

*Supports : Deux lions d'or.*

*Cimier : Un lion naissant, aussi d'or, armé et lampassé de gueules.*

Audouys, mss. 994, p. 82. — Gencien, mss. 996, p. 40. — Mss. 995, p. 73. — Un jeton de Bonaventure Gillier porte : *l'écu en bannière.*

## Gillière (de la).

V. Boislève.

## Gillonnière (de la).

V. de Martineau.

Gillot de Boutigné ou Boutigny, — de Grandchamp, — de Croyal; — dont Laurent, abbé de Bourgueil en 1586-1597; Ollivier, notaire de la Cour de Rennes en 1513.

*D'azur à trois paillons d'or posés deux et un.*

Audouys, mss. 994, p. 83.

*D'or à l'aigle éployée de sable au chef de gueules chargé de trois étoiles d'argent.*

D. P.

Gilly de la Doitée (David), ministre protestant à Baugé, converti en 1685.

*D'argent à une fasce échiquetée d'or et de gueules.*

D'Hozier, mss., p. 928.

## Gimondrie (à Saumur).

*Bandé d'argent et d'azur.*

D'Hozier, mss., p. 998.

## Gimonnière (de la).

V. Pillot.

## Ginaussan (du).

V. de Vaugirault.

## Giotière (de la).

V. Neau.


## Girard de Vaux.

*D'argent à trois fasces ondées d'or à la bande de gueules chargée de trois lions d'or.*

Mss. 439.


## Girard de Bois-Morin, — de la Chapelle, — de Varenne, — de Cossé.

*De sable à trois merlettes d'argent posées deux et une.*

Gohory, mss. 972, p. 83. — Audouys. mss. 994, p. 82. — Gencien, mss. 996, p. 41. — Roger, mss. 995, p. 7, dit : *D'or à trois merlettes de gueules, posées deux et une.* — Le mss. 439 dit : *D'azur à trois merlettes d'or.* — Un mss. cité par Audouys, au lieu *d'azur* dit : *de gueules...* — L'Armorial mss. de 1608, p. 28, dit : *l'écu d'argent...* et *trois merlettes de sable,* et le mss. 995, p. 113, donne :

*D'or à la croix de sable.*


## Girard (de) de Charnacé, — de la Claye, — de Gâtines, — de Vaux, — du Bois-Montbourcher, — du Lion d'Angers, — de la Blanchardière, — de Ballée, — de Linnières, — du Fresne, — de Champigny ; dont Jean, taxé quatre écus pour la rançon du roi Jean en 1360, entre les nobles du Grand et du Petit Montreveau.

*D'azur à trois chevrons d'or.*

Mss. 703. — Audouys, mss. 994, p, 83. — Un mss. du Mans cité par Audouys, donne aux Girard-Ballée : *D'azur à l'aigle éployée d'or ayant les ailes tombantes.* — Les seigneurs de Charnacé ajoutent les armes suivantes :

*Écartelé aux un et quatre d'azur à trois chevrons d'or, aux deux et trois d'azur à trois croix pattées d'or, posées deux et une.*

Sculp. au château du Bois-Montbourcher.—Peinture, xixe siècle, à l'église du Lion-d'Angers ; écartelées avec de Charnacé.

## Girardière (de la).

V. Esnault. — de Bréon. — Payneau. — Grognet. — de la Haye. — Bitault. — Pasqueraye. — Le Gras. — Vergnault.


## Giraudière (de la).

V. Champlaye. — de la Grandière. — de Torchart. — de Ridouët. — Le Gay.


## Girault de Moté, — de la Houssardière, — du Plessis, — de Mozé ; — dont Philippe, conseiller du roi au présidial d'Angers en 1696 ; Jacques, chancelier de l'Université d'Angers en 1796.

*D'azur à un chevron d'argent accompagné de trois trèfles d'or, deux en chef et un en pointe.*

- D'Hozier, mss., pp. 60, 97.


## Girois (de) de la Roche-Mayet, — de Mays, — de Neufvy, — de Bonneval.

*D'azur à trois gerbes d'or.*

Audouys, mss. 994, p. 85. — Le mss. 439 dit : *D'or à quatre burelles d'azur...*


## Girouardière (de la).

V. Hardouin. — Erreau.


## Girousière (de la).

V. Mullet.


## Giroust de Beauchesne, — des Vandellières, — d'Avrillé ; — dont Jacques, jésuite prédicateur et écrivain, mort en 1689 ; Charles, clerc tonsuré du diocèse d'Angers, chapelain de la Madeleine du Lude en 1700.

*Écartelé aux un et quatre d'or à une bande de sinople, aux deux et trois de sinople à une bande d'or.*

D'Hozier, mss., p. 1525.

**Giroust du Tronchet, — de Miré.**

*D'azur à la fasce d'or.*

Carré de Busserolle.


**Gislière (de la).**

V. Boylesve.


**Giteau ; — dont un procureur du roi à l'hôtel de ville de Saumur, 1698.**

*Losangé d'argent et de sable.*

D'Hozier, mss., p. 1008.


**Gizeux (de).**

V. du Bellay. — Grandhomme. — Doué.


**Gizors (de).**

V. Fouquet.


**Glandèves (de) de Châteauneuf, — du Castelet, — de Faucon, — de Saint-Cassian ; — dont Pierre et Hélion faits chevaliers du Croissant en 1448, par René, roi de Sicile, duc d'Anjou.**

*Fascé de sinople et d'argent de six pièces au lambel de trois pendants d'azur sur la deuxième pièce.*

Mss. 993, 999, et 703.


**Glandres (de).**

V. de Terves.


**Glanfeuil (abbaye de).**

V. Saint-Maur-sur-Loire.

## Glorière (de la).

V. Gautier. — de Chazé.

## Gloriette (de la).

V. Thoaynon.

## Gobé des Landes.

*D'argent à trois trèfles de sable.*
D. P.

## Gobin (de).

V. Bitault.

## Goddes (de) de Neufville, — de la Maroutière; —

dont Charles , commissaire des guerres en 1590 ; deux
conseillers au Parlement, depuis 1628 ; un lieutenant-colonel
aux gardes-françaises † en 1771.

*D'argent au chevron de sable accompagné de trois molettes de même.*

Sceau. — P. de Courcy.

## Goddes (de) de Varenne, — de la Perrière, — de

Sautré, — de Bozeille, — d'Avrillé, — de La Lande, —
de l'Oucheraie ; — dont Charles, commissaire des guerres
en 1595 ; François, conseiller d'État en 1648 ; Charles, abbé
de Pontron en 1670 ; Joseph, archidiacre d'Outre-Loire,
chanoine de l'Église d'Angers, 1696 ; François, gouverneur
de Landrecies en 1684 ; Auguste, lieutenant-général, gouverneur de Pornic, d'If, de Pommède et Ratonneau, en 1764 ;
Auguste-Claude, naturaliste et historien, mort en 1782 ; et

Auguste-François, poète, mort en 1811. (La famille est éteinte dans les de la Motte-Baracé .de Senonnes).

*D'argent à la fasce de gueules accompagnée en chef de deux étoiles de sable et en pointe d'une hure de sanglier de sable défendue d'argent.*

Audouys, mss. 994, p. 76. — D'Hozier, mss., pp. 569, 137. — L'Armorial mss. de Dumesnil, p. 15 et le mss. 993, disent : *deux étoiles d'or...* et d'Hozier, mss., p. 965, donne aux seigneurs de Varenne les armes suivantes :

*Échiqueté d'argent et d'azur à un lion de gueules brochant sur le tout...* — Le mss. 703 dit : *d'or* au lieu *d'argent* et les *étoiles d'azur...*

## Godefroy.

*D'argent à trois hures de sanglier de sable, posées deux et une.*

Cimier : *Un casque.*

Supports : *Deux sangliers au naturel.*

Mss. 993.

## Godelière (de la).

V. de Lestenou.

## Goderie (de la).

V. de Raccapé.

## Godinière (de la).

V. de la Tigeonière. — de Pierres.

## Goderon ou Godron de la Jouanière.

*D'azur à la fasce dentelée d'or, accompagnée de trois roses d'argent posées deux en chef et une en pointe.*

Audouys, mss. 994, p. 80. — Mss. 995, p. 122.

## Godu.

*D'or à une aigle de gueules.*

D'Hozier, mss., p. 883.

## Goeuvre (du).

V. Le Gouz.

## Goguerière (de la)

V. de Tenton.

## Goguet de la Salmonière ; — dont Charles-Marie, officier vendéen.

*D'azur à un croissant d'or accompagné de trois coquilles de même.*

Sceau.

## Goheau (de) de la Brossardière.

*D'argent à une fasce de sable accostée de trois trèfles de gueules, deux en chef et un en pointe.*

Audouys, mss. 994, p. 82. — Gencien, mss. 996, p. 41. — Mss. 995, p. 102.

## Gohière (de la).

V. de la Primaudaye.

## Gohin ; — dont Alexandre, curé de Saint-Philbert en 1696.

*D'argent à une croix de gueules cantonnée de quatre coquilles de même.*

D'Hozier, mss., p. 870.

**Gohin** de la Cointerie ; — dont René-Pierre, lieutenant du roi à Thionville, mort en 1785.

*D'azur à une croix d'or tréflée et alaisée.*

Mss. 993. — Généalogie du xviiiᵉ siècle.

**Gohin** des Aulnais, — de Montreuil, — de la Belottière, — des Essards, — de Cheman ; — dont Jean, maire d'Angers en 1561 ; Michel, maire en 1653 ; René, maire d'Angers en 1592 ; Pierre, commandant-général des Iles-sous-le-Vent de l'Amérique ; et Jean, taxé deux écus pour la rançon du roi Jean, en 1360, entre les nobles du Grand et du Petit Montreveau ; René, président au présidial d'Angers, xviiᵉ siècle ; René, curé de Seiches en 1696 ; Michel, curé de Restigné, 1698.

*Écartelé aux un et quatre d'azur à une croix tréflée ou fleuronnée d'or, aux deux et trois d'argent, à une aigle à deux têtes de gueules le vol abaissé.*

. Gohory, mss. 972, pp. 153, 157. — Jeton municipal de Michel. — Devise de Michel, autour des ponts de la Bourgeoisie et des Treilles, d'Angers, sur son jeton : *Divisam junximus urbem.* — Cloche de Montreuil, datée de 1781. — D'Hozier, mss., pp. 85, 73, 600, 119, 499. — Sceau xviiᵉ siècle, mss. 993. — Mss. 995, p. 123. — Gencien, mss. 996, pp. 5, 8. — Armorial mss. de Dumesnil, p. 16. — Mss. 439. — Audouys, mss. 994, p. 79, dit : *la croix cantonnée de quatre trèfles d'or et l'aigle membrée d'or.* — Le mss. 703 dit : *la croix pommetée d'argent...*

**Gohory** (de) de la Fleuronnière, — de la Tour ; — dont Jacques, héraldiste en 1608.

*D'azur à la fasce d'or chargée d'un chef de lion de gueules et accompagnée de trois étoiles d'or, deux en chef et une en pointe.*

Gohory, mss. 972, pp. 105, 30. — Audouys, mss. 994, p. 80. — Armorial mss. de 1608, p. 28. — Mss. 995, p. 123. — Audouys, mss 994, p. 88, donne aux Gohory de la Tour : *la fasce chargée d'une hure de sanglier de sable...* — Hugues de Gohory les écartelait des armes de sa mère, Magdeleine Brisson, qui sont :

*D'azur à trois fusées d'argent posées en fasce.*

Cimier : *Un lion issant d'or tenant de la patte droite une épée d'argent.*

Supports : *Deux lions d'or.*

Devise : *Spiritus et cor.*

## Goisier (du).

V. Le Gouz.

## Goislard (de) de Monsabert, — de Richebourg ; — dont Anne-Charles et Anne-Louis, conseillers de grand-chambre au Parlement en 1733 et 1780 ; Anne-Louis-Marie-François, député à l'Assemblée provinciale en 1791.

*D'azur à trois roses d'or.*

Audouys, mss. 994, p. 76.

## Goisnard (de).

V. Boylesve.

## Goivre (du).

V. Le Gouz.

## Gomer (de).

V. de Pontoise.

## Gondinière (de la).

V. Poullain.

## Gondrecourt (de).

V. de Lenoncourt.

## Gondrin (de) de Pardaillan-d'Antin ; — dont Julie-Sophie-Gillettte, abbesse de Fontevraud † 1797.

*D'argent à trois fasces ondées d'azur.*

P. Anselme, troisième édition, tome V, p. 175.

**Gondy** (de) de Retz, — de Montjean ; — dont Pierre et Jean-François, abbés de Saint-Aubin d'Angers en 1567 et 1598.

*D'or à deux masses d'armes de sable posées en sautoir liées de gueules.*

Mss. 703. — P. Anselme, p. 416. — Audouys, mss. 994. p. 85. — Gencien, mss. 996, p. 40. — Mss. 995, p. 66. — V. de Retz.

**Gonesse** (de) ; — dont Guillaume, bailli du sénéchal de l'Anjou.

*D'argent à deux coqs de sable l'un sur l'autre.*

Carré de Busserolle, p. 424. — mss. 703.

**Gonfoulloux** (de).

V. de la Hunne.

**Gonnière** (de la).

V. de la Renardière. — Gillet.

**Gonnord** (de).

V. Montmorency. — de Gouffier. — Cossé. — Chabot.

**Gontard** des Chevalleries, — de la Pichonnière ; — dont Charles, directeur de l'Académie d'Angers en 1763 ; Charles-François, agriculteur, mort en 1835 ; Charles-Guillaume, maire d'Angers en 1766.

*D'argent au sautoir d'azur accompagné de quatre roses de gueules.*

Note, mss. de Grille, à la Bibliothèque d'Angers. — Mss. 993. — Audouys, mss. 994, p. 80, dit : *D'azur au sautoir d'argent...* que portait Charles-Guillaume , qui écartelait du Verdier de la Sorinière à cause de sa bisaïeule.

## Gontault (de) de Biron.

*Écartelé d'or et de gueules.*

Mss. 995, p. 66.


## Gonzague (de) de Montferrat.

*D'argent à la croix de gueules cantonnée de quatre aigles de sable.*

Mss. 995, p. 53.


## Gorran (de) de Thornerie.

*D'argent à trois lionceaux de gueules armés, couronnés et lampassés d'azur.*

Gencien, mss. 996, p. 39. — Audouys, mss. 994, p. 85, d'après le Cartulaire de Montguion, en 1231.


## Goualard.

V. Goislard.


## Gouau; — dont Hercule, curé de Lézigné en 1700.

*D'azur à une bande d'or, écartelé d'or à une bande d'azur.*

D'Hozier, mss., p. 1523.


## Gouberie (de la).

*D'azur à trois côtes d'argent.*

Gaignières. Armorial mss., p. 21. — Gohory, mss. 972, **p. 82**, l'Armorial mss. de 1608, p. 28 et Roger, mss. 995, p. 20, disent : *trois côtes d'or posées en fasce l'une sur l'autre...* — V. de Berard. — du Pont.


## Goubis (de) de la Rivière, — de Monnet, — de Périers ou Poiriers.

*D'argent à une fasce danchée de sable, à trois têtes de loup de même, posées deux en chef et une en pointe.*

Audouys, mss. 994, p. 79. — Le mss. 995, p. 121, dit : *trois têtes d'aigle de pourpre...* au lieu de *têtes de loup...* — V. Haton. — du Tertre.

**Goublaye** (de la) de Menorval ; — dont un receveur particulier à Baugé en 1871.

*De gueules fretté d'argent à une fleur de lis d'azur au canton senestre.*

Sceau.

## Goudault.

*D'argent à un chevron de gueules chargé d'une croisette d'or et accompagné de trois tourteaux d'azur, deux en chef et un en pointe.*

D'Hozier, mss., p. 603.

## Goudé.

V. Gousdé.

## Goudon.

*D'or à un chevron de... accompagné de trois étoiles de...*

Sceau, XVIII° siècle.

## Goué (de) de Clivoys, — de Villeneuve.

*D'or au lion de gueules armé et lampassé de même surmonté d'une fleur de lis d'or.*

Supports : *Deux sirènes.*

Audouys, mss. 994, p. 82.

**Gouesse** ; — dont René, conseiller du roi élu à Châteaugontier, en 1698.

*D'azur à trois épis d'or tigés, feuillés et mouvants d'une terrasse de même surmontés de trois étoiles aussi d'or rangées en chef.*

D'Hozier, mss., p. 430.

**Gouezault**; — dont Robert, conseiller du roi, juge des traites d'Anjou en 1696.

*De gueules à trois croissants d'argent posés deux et un.*

D'Hozier, mss., p. 90.

**Gouffier** (de) de Roannais, — de Maulévrier, — de Doué, — de Mirebeau, — de Gonnort, — de Boissy, — de Bonnivel, — de Crèvecœur, — de Caravas, — de Passavant, — d'Espeigny; — dont Adrien, abbé de Bourgueil et de Saint-Nicolas d'Angers, mort en 1523.

*D'or à trois jumelles de sable posées en fasce,* qui est de Boissy.

Cri de guerre : *Maulévrier !*

Armorial mss. de 1608, p. 10. — Gohory, mss. 972, p. 50. — Mss. 703. — Audouys, mss. 994, p. 79. — Roger, mss. 995, p. 2. — Gencien, mss. 996, p. 40. — Une sculpture à l'église de Passavant, 1735, donne à un Gouffier de Lestang, comte de Caravas et de Passavant :

*De... à sept fusées de... posées quatre et trois.*

Gohory, mss. 972, p. 106, donne aux Seigneurs de Maulévrier :

*D'or au chef de gueules.*

V. du Bois.

**Gougeonnaye** (de la).

V. Le Bouteiller.

**Goüin** d'Ambrières, — de Chanquoqué ou Chancoc, — de la Croix, — de la Richardière, — de Lorière, — de Langelière, — de la Sauvagère, — de Claie, — de Linière, — des Pontonnières, — du Bourgneuf; — dont Gilles, receveur du comté de Beaufort; François, avocat au Parlement de Paris; René, avocat au présidial, conseiller du roi, écuyer, premier assesseur à la maréchaussée d'Angers, 1693;

François Gouin de Claie, conseiller du roi, son procureur au même siège, 1720, échevin d'Angers, 1738; Michel Goüin de Langelière, docteur en théologie, prêtre de l'Oratoire, supérieur de Juilly.

*D'or au lion de gueules lampassé de même, au chef d'azur chargé d'un croissant et de deux étoiles d'or.*

Sceau. Portrait peinture, xviiie siècle, au Bois-Grolier (la Chapelle Saint-Laud). — L'Armorial mss. de d'Hozier, Paris, tome III, p. 137, dit : *lion d'azur et croissant d'argent.*

René Gouin, avocat au présidial et assesseur en la maréchaussée d'Angers en 1698, portait :

*D'azur à trois besans d'argent et un chef d'or chargé d'une rose de gueules.*

D'Hozier, mss., p. 952.

Marie Gouin, d'Angers, née en 1661, morte en 1721, portait :

*D'argent à trois fasces de sable et un lion de gueules brochant sur le tout.*

D'Hozier, mss., p. 943.


## Gouin.

*De gueules à un cœur enflammé de... accompagné d'un vol de... surmonté d'un besan de... le chef d'azur chargé de deux étoiles de...*

Sceau, xviiie siècle.


Goüin de la Terrandière, — de la Bourcerie, — de la Croix; — dont François, échevin d'Angers, 1722.

*De gueules à deux pals de vair.*

D'Hozier, mss., p. 976.


## Gouis (le prieuré de).

V. au mot Gouy.

## Goujon (François), curé de Cernusson en 1686-1727.

*D'azur à une ancre d'argent la trabe d'or et l'écu semé de petits poissons dits goujons de même.*

D'Hozier, mss., p. 752.


## Goujon ; — dont un gouverneur des Ponts-de-Cé.

*D'argent au lion de gueules, armé, couronné et lampassé d'or.*

Audouys, mss. 994, p. 87.


## Goujon de Châteauneuf, — de Cousti, — du Plessis-Bouré, — de Gasville, — d'Iville, — de Ris, — de Thorigny.

*D'azur à deux goujons d'argent passés en sautoir ; et en pointe une rivière de même.*

Audouys, mss. 994, p. 84. — Sceau. — Mss. 703.


## Goulaine (de) de Chanzé, — de Martigné-Briand, — de Chemillé, — de Cernusson, — de la Ruffelière, — de la Grande-Guerche, — de Blaison, — de Saint-Aubin de Luigné.

*Parti de gueules à trois demi-léopards d'or, armés et lampassés d'azur,* qui est d'Angleterre ; *parti d'azur à une fleur de lis et demie d'or* qui est de France.

Supports : *A droite un lion léopardé et à gauche un ange.*

Devise : Deux grands A couronnés, liés et joints ensemble par un autre A plus petit avec ces mots : *A celuy-cy, à celuy-là s'accorde des couronnes.*

Distique : *Arbiter hic ambos reges conjunxit amore.*
*Et tenet illustris stemma ab utroque domus.*

Mss. 703. — Audouys, mss. 994, pp. 78, 83. — Gohory, mss. 972, p. 48. — Mss. 995, p. 63. — Armorial mss. de 1608, p. 28. — Gencien, mss. 996, p. 40. — P. de la Colombière.


## Gouland (de).

V. de la Primaudaye.

**Goulard** de la Boulinière, — de la Grange, — de la Vermière ou Vernière, — de la Geffardière, — de la Vergne, — de la Chapelle-Gaudin, — de Montfermier, — de Billy.

*D'azur au lion d'or armé et couronné de même, lampassé de gueules.*

Gohory, mss. 972, pp. 26, 62. — Armorial mss. de 1608, p. 28. — Roger, mss. 995, p. 9. — Audouys. mss. 994, p. 80. — Mss. 995. p. 115. — Gencien, mss. 996, p. 41. — Audouys donne pour brisure aux cadets : *une bordure d'or...*

## Goulaine (de).

V. Aménard.

## Goulay (du) de Secondliet.

*D'azur à une bouteille à long goulot d'argent.*

D'Hozier, mss., p. 1396. — Le même, p. 1407, dit : *trois bouteilles posées deux et une.*

## Goulet (de ou du) des Patis, — des Portes, — des Brosses.

*D'argent à trois fasces d'azur.*

Audouys, mss. 994, p. 86. — Mss. 439. — D'Hozier, mss., p. 351. — Cauvain donne les armes suivantes :

*D'argent au lion de sable, armé et lampassé de gueules.*

## Goupil.

*D'argent à une croix de gueules.*

D'Hozier, mss., p. 977.

## Goupil (Jean-Baptiste), apothicaire à Angers, en 1698.

*Bandé d'or et d'azur de six pièces.*

D'Hozier, mss., p. 973.

## Goupil de Bouillé, — de Pavée.

*D'azur à trois merlettes d'argent accompagnées en pointe d'un croissant, le chef d'or.*

Sceau.

## Goupilleau de Damiette, — de Loiron ; — dont Julien, maire d'Angers en 1563.

*D'azur à deux chevrons d'or accompagnés de trois étoiles de même, posées deux en chef et une en pointe, et un croissant d'argent posé en cœur de l'écu entre les deux chevrons.*

Audouys, mss. 994, p. 79. — Mss. 993. — Gohory, mss. 972, p. 153, le Mss. 703 et Gencien, mss. 996, p. 5, donnent simplement à Julien : *D'azur à deux chevrons d'argent accompagnés de trois étoiles d'or posées deux et une.*

Guillaume Goupilleau était abbé de Bellefontaine en 1552.

## Goupillière (de la).

V. de Meaulne.

## Goupillon (de).

V. Cochon.

## Gourbellons (de).

V. Nicolas.

## Gourberie (de la).

V. Richaume.

## Gourcy (de) de Charay ; — dont Marie-Thérèse-Andrée, abbesse du Perray-aux-Nonains, 1770-1790.

## Gourdinière (de la).

V. Dubois.

## Gourdon ; — dont Pierre, chapelain de Saint-Mathieu de Cussay en 1698.

*D'argent à une croix de sable.*

D'Hozier, mss., p. 653.

## Gourdonnière (de la).

V. Gaignard.

## Gourdonnières (des).

V. Frain.

## Goureau de la Proustière, — de la Sauvagerie ou Sauvagère, — de la Chamberrie, — de la Brideraie, — de la Roche-Joulain, de Chanzeaux, — de Souvigné, — de la Blanchardière, — de Chantelou, — de la Veroullière, — de Piedouault, — du Pasti, — de l'Épinay, — de la Chalouère, — du Pont, — de la Houssaie, — de Launay ; — dont Roland, homme d'armes, bourguignon, qui s'établit à Beaupréau en 1450; Jacques-François, maire d'Angers en 1755 ; Jacques, capitaine de la ville d'Angers en 1698 ; Maurice, écuyer de la grande fauconnerie de France au XVIIe siècle ; Louis, brigadier des gardes du corps de Louis XVI ; Fiacre, maître des requêtes de François, duc d'Anjou, en 1578 ; Jacques, jurisconsulte au XVIe siècle ; et Jacques, son fils, premier secrétaire de l'Académie d'Angers ; Philippe, conseiller d'État en 1603.

*D'or à une aigle à deux têtes de sable, becquée et membrée de gueules.*

Jeton municipal de 1755, portant les armes de la ville et la devise : *Assiduis consiliis.* Bulletin de Soland, 1862, p. 114 et 1868,

p. 33. — D'Hozier, mss., p. 231. — Mss. 703, Audouys, mss. 994, p. 76, Gohory, mss. 972, p. 39, le mss. 993, disent : *d'argent* au lieu *d'or.* — D'Hozier, mss. pp. 90, 99, 65, 67, etc., ajoute : *surmonté d'un croissant de gueules.*

## Gouret du Plessis-Kranhac.

*De gueules à la fasce d'or.*
Mss. 995, p. 121.

## Gourgoux (de).

V. Billeheust.

## Gourichon ; — dont Louis, curé de Cossé en 1698.

*D'argent à une tour de sable.*
D'Hozier, mss., p. 1129.

## Gourion (Pierre), fermier à Concourson en 1700.

*D'or à cinq aiglettes d'azur posées en sautoir.*
D'Hozier, mss., p. 1134.

## Gournay.

*De gueules à trois tours d'argent mises en bande, maçonnées de sable.*
Gencien, mss. 996, p. 36. — V. Amelot.

## Gourtière (Louis), archiprêtre de La Flèche, curé de Vion en 1700.

*De sable à une gouttière d'argent.*
D'Hozier, mss., p. 1386.

## Gousdé de la Patissaye.

*D'azur à une toison d'or accompagnée de trois annelets de même, deux en chef et un en pointe.*

D'Hozier, mss., p. 303.


## Goussault du Chesne.

*D'azur à trois gousses d'ail d'argent posées deux et une.*

Audouys, mss. 994. pp. 76, 88.


## Gouy (le prieuré de).

*De gueules à un sautoir d'argent accompagné de quatre gourdes de même.*

D'Hozier, mss., p. 1416.


## Gouyn.

V. Gouin.


## Goyet de la Raturière, — du Vivier, — d'Aigrefin, — des Landes, — des Hayes, — de l'Auberdière.

*Écartelé aux un et quatre d'azur au chevron d'or accompagné de trois pélicans de même posés deux et un ; aux deuxième et troisième d'argent à trois bandes de gueules au lambel de trois pendants de sable.*

Support : *Deux aigles.*

Cimier : *Un pélican dans son aire.*

Devise : *Plus patriæ me tangit amor.*

Audouys, mss. 994, p. 82. — Armorial mss. de Dumesnil, p. 15. — Mss. 995, p. 118. — Mss. 439.


## Goyon de Marcé.

*D'argent au lion rampant de gueules couronné d'or.*

Sceau.

**Goyon** de Vaurouault, — de Saint-Laurent-des-Autels ;
— dont Augustin, maréchal de camp en 1789.

*D'azur au chevron d'argent accompagné de trois molettes d'éperon de même.*

Gohory, mss. 972, p. 67. — Audouys, mss. 994, p. 82. — Gencien, mss. 996, p. 41. — Armorial mss. de 1608, p. 27. — Roger, mss. 995, p. 11. — Gaignières. Armorial mss., p. 9 — Mss. 995, p. 110. — Un ancien mss. du séminaire, cité par Audouys, disait :

*De gueules au lion d'or, au chef d'or chargé de trois molettes de sable.*

## Goyvre (de).

V. de Gœuvre.

## Gracières (des).

V. Lefebvre.

## Graffinière (de la).

V. de Villiers. — Le Maître. — de Periers

## Grain de Saint-Marsault.

*De gueules à trois demi-vols d'or posés deux et un, ceux du chef affrontés.*

Audouys, mss. 994, pp. 82, 89.

## Gralent.

*De sinople au lion d'argent.*

Mss. 995, p. 56.

## Grammont (de) de Vachère.

*De gueules au lion d'or.*

Mss. 993. — Charlotte de Grammont, abbesse du Ronceray, morte en 1714, écartelait : *aux un et quatre* comme ci-dessus, *aux deux et trois de gueules à trois flèches d'or en pal, la pointe en bas.*

Ballain, p. 527.


## Grancey (de).

V. de la Beraudière.


## Grancy (de).

*D'argent au chef de gueules.*

Gencien, mss. 996, p. 43. — V. Midorge.


## Grand-Amy de Saint-Mars.

Audouys, p. 88.


## Grand-Bois (du).

V. de la Loirie. — d'Acigné. — Bisault.


## Grand-Châtelier (du).

V. Blandin.


## Grande-Chauvière (de la) et de la Grande-Chauvinière.

V. des Ruffiers.


## Grandeffe (de).

V. Guilloteau.

## Grande-Guerche (de la).

V. de Goulaine.

## Grande-Lande (de la).

V. de Cierzay. — Megrets.

## Grande-Rallière (de la).

V. Chaperon.

## Grande-Rouerie (de la).

V. Bouan.

## Grandes-Minnyères (des).

V. de la Marzelière.

## Grandes-Villattes (des).

V. Rouffle.

**Grandet ;** — dont Joseph, curé de Sainte-Croix d'Angers, écrivain érudit au xviiie siècle.

*De gueules à une fasce d'or chargée d'une coquille de sable.*

D'Hozier, mss., p. 968.

**Grandet** de la Plesse, — du Lavoir, — de Mons ; — dont François, maire d'Angers, de 1689-1692 ; Jacques, lieutenant-criminel à Châteaugontier, en 1698.

*D'azur au chevron d'or accompagné de trois étoiles d'or en chef et d'une coquille de même en pointe.*

Jeton municipal de François, en 1692, mss. 703. — D'Hozier, mss., pp. 57, 442. — Mss. 993. — Gencien, mss. 996, p. 8. — Audouys, mss. 994, p. 79, donne : *le chef d'argent* au lieu *d'azur.*

## Grand et Petit-Pré (du).

V. Nyeble.

## Grande-Voisse (de la).

V. de Saint-Georges.

## Grandfons (de).

V. Éveillechien.

## Grand'homme, — de la Gannetière, — de Gizeux, — d'Avrillé, — de Parsay, — de Durtal, — des Cartes, — du Puy ; — dont René, écuyer, secrétaire du roi, maison et couronne de France ; Antoine, abbé de Toussaint d'Angers en 1737.

*De sable à un buste d'homme d'armes la tête nue.*

Busserolle. — Audouys, p. 86. — de Maude, Armorial p. 160.

## Grandière (de la).

*Écartelé aux un et quatre d'azur à trois colonnes d'argent, aux deux et trois d'azur à une aigle d'or accompagnée en pointe de deux croissants d'argent, au franc quartier d'un soleil d'or.*

Mss. 993. — V. Cornuau. — Cornilleau. — de la Roë. — de Saullier.

Françoise de la Grandière, religieuse du Ronceray en 1698, portait :

*D'or à un chêne de sinople.*

D'Hozier, mss., p. 979.

## Grandière (de la) de L'Aillée, — de la Feronnière, — de Mongeoffroy ou de Montjouffroy, — de la Lodinière, — de la Papinière, — de la Mothe-Cesbron, — de la

Roche-aux-Filles, — de la Giraudière, — de Mazé, — de Grez, — du Plessis; — dont Hercule, chevalier de Saint-Louis; François, bénédictin de Saint-Maur de Glanfeuil, au XVIIᵉ siècle.

*D'azur au lion rampant d'argent, armé, lampassé et couronné d'or.*

Gohory, mss. 982, p. 78. — Roger, mss. 995, p. 5. — Armorial mss. de 1608, pp. 27, 29. — Armorial mss. de Dumesnil, p. 15. — Mss. 439. — Mss. 995, p. 88. — D'Hozier, mss., pp. 165. 120. — Audouys, mss. 994, p. 76. — Gencien, mss. 996, p. 40. — Mss. 703. — Gohory, p. 19, donne aux de la Grandière de l'Aillée :

*D'azur à deux épées d'argent passées en sautoir*, et à un seigneur de la Grandière, d'après Grandpré : *De gueules au lion d'argent.*

L'Armorial mss. de 1608, p. 29, donne aux Grandière de l'Aillée des Roches–Noyau :

*D'azur à deux épées d'argent en sautoir.*


## Grandine (de).

V. Colasseau.


## Grandinière (de la).

V. Maumousseau. — de Menière.


## Grand-Launay (du).

V. Guérin.


## Grand-Maison (de la).

V. de Carbonnier. — de la Fontaine. — Rousseau. — Le Picard. — Couscher. — Lejeune. — de Boulleuc.


## Grand-Maillé (du).

V. de Launay.


## Grand-Mayneuf (du).

V. Le Bloy.

## Grand-Montreveau (du).

V. de Clairembault.

## Grandmoulin (du).

*De sable au lion d'argent couronné d'or.*

Audouys, mss. 994. p. 80.

## Grand-Moulin (du) de Chalain, — de Craon, — de la Hunière.

*De sable à une tour de moulin d'argent, maçonnée de gueules et crénelée de quatre pièces.*

Mss. 703. — Armorial mss. de 1608, p. 29. — Roger, mss. 995, p. 14. — Mss. 995, p. 115. — Gencien, mss. 996, p. 41. — Audouys, mss. 994, p. 80. — Gohory, mss. 972, p. 15, dit : *D'argent à une tour de moulin de sable...*

## Grand-Perray (du).

V. Megrets.

## Grand-Pont (de).

V. de Farcy. — Cazet.

## Grands et Petits Pontereaux (des).

V. du Houssay.

## Grand-Velours (du).

V. du Chilleau.

## Grandville (de).

V. du Fay.

**Grange** (de la) de Vernoux; — dont François, écuyer de la grande écurie de Louis XIV.

*D'azur au chevron d'or accompagné de trois quintefeuilles d'argent.*

Audouys, mss. 994, p. 86. — Sceau. — V. Gault. — Salmon. — du Bois. — de la Roche. — Gaultier. — Trépied.

## Grange-Cambourg (de la).

V. de Cambourg.

## Granger.

*D'azur à un chevron d'or accompagné en chef de deux étoiles et en pointe d'un lion de...*

Sceau, XVIIIᵉ siècle.

## Granges (des).

V. Le Bloy. — Poyet. — Gaultier. — Riverain.

## Grange-Vernière (de la).

V. Goullard.

## Granry (de).

V. Boussiron.

## Graolière (de la).

V. de Preseau.

## Gras-Menil (du) du Chesne, — du Breil-Gognery, — de Montechon, — de Varennes, — de la Tour.

*D'argent à l'épée de sable en bande.*

Audouys, mss. 994, p. 86. — Mss. 993. — Généal. 1670.

**Grasse** (de) ; — dont Jacques, évêque d'Angers en 1758, et abbé de Saint-Aubin.

*D'or au lion de sable couronné de même à l'antique, armé et lampassé et vilené de gueules.*

Devise : *Pro me Domine responde.*

Mss. 993. — du Buisson, Armorial, tome I, p. 173. — L'Évêque d'Angers portait :

*Écartelé au premier, contre-écartelé d'or à trois pals de gueules, qui est de Foix, et d'or à deux vaches passantes de gueules accornées, accolées et clarinées d'azur, qui est de Béarn ; au deuxième de gueules aux chaînes d'or posées en croix, sautoir et orle, qui est de Navarre ; au troisième contre-écartelé en sautoir d'or à quatre pals de gueules et d'argent à l'aigle de sable couronnée d'or, becquée et membrée de gueules, qui est de Sicile ; au quatrième de France à la cotice composée d'argent et de gueules, qui est d'Evreux : sur le tout de Grasse.*
*L'écu ovale appuyé sur un cartouche et timbré d'une couronne ducale accompagnée d'une mitre précieuse à dextre et d'une crosse d'or à senestre, et sommé d'un chapeau à quatre rangs de houppes de sinople.*

Sceau. — Mandements et livres liturgiques.


## Grassigny (de).

V. Gilles.


## Grat (du).

*D'azur au chevron cousu de sable, surmonté d'un croissant d'argent, accosté de deux grappes de raisin d'or rangées en chef et accompagnées en pointe d'une corneille de sable posée sur un bâton alaisé ou mis en bande de même.*

Audouys, mss. 994. p. 85.


## Grattecuisse (de).

V. Beaumont. — de Bueil.

## Gratuze (de la).

V. de Bruges.

## Grauleraye (de la).

V. Dosdefer.

## Gravé (de) de la Roche-Gravé, — de Malvoisine.

*D'azur au lion d'or accompagné de trois crapauds de sable posés deux et un.*

Audouys, mss. 994, p. 88.

## Gravelle (de la).

V. d'Héliand. — Pissonnet.

## Gravesalière (de la).

V. Le Royer.

## Gravière (de la).

V. Levêque. — Guiet.

## Gray (de) de Tromere (originaire d'Écosse), confirmé en France le 20 mars 1636.

*De gueules au lion d'argent à la bordure de même.*

Mss. 439. — Audouys, mss. 994, p. 85.

## Grazay.

*D'or au lion rampant d'azur couronné de gueules.*

Mss. 993.

## Gréban (de).

*D'azur au chevron d'argent accompagné de trois étoiles mal ordonnées en chef et d'une canette en pointe de même.*

Carré de Busserolle, p. 434.

## Grée (de la) de Briacé, — de l'Audière.

*D'argent à la croix potencée de gueules accostée de quatre croisettes de même.*

Mss. 439. — Audouys, mss. 994, p. 83. — d'Hozier, mss., p. 156. — V. du Pas. — Poullain. — Brillet. — Gilles. — Avril. — de Russon. — Charbonnier.

## Greffier (de).

V. Montberon.

## Grelleraie (de la).

V. Sourdrille.

## Grenade (de).

*D'argent à une grenade de gueules.*

Mss. 995, p. 55.

## Greneteau.

V. Neau.

## Grenouillon (de) de Fourneux, — dont Philippe, capitaine commandant, à Milly, en 1698.

*D'or à trois fasces de sable à la bande d'azur brochant sur le tout.*

Audouys, mss. 994, p. 87. — Gencien, mss. 996. p. 42. — Le mss. 439 et d'Hozier, mss., p. 169, disent :

*De sable à trois fasces d'or et une bande d'argent brochant sur le tout.*

Le mss. 993 dit : *le champ d'argent...*

## Grés (du).

*De gueules au chevron d'argent accompagné de trois dents ou lames d'argent.*

Sceau. — V. de Grez. — du Bois.

## Gresil de la Verronnière ; — dont François, conseiller du roi au siège présidial d'Angers, en 1698.

*D'azur à un lion tenant une massue de même.*

D'Hozier, mss., p. 951.

*De... au chevron de... accompagné de trois besans de...*

Sceau, XVIIe siècle. — V. Grezil.

## Gresille (de la).

*De gueules à trois crosses d'or tournées à dextre.*

Armorial mss., app. à M. de Vauguyon. — Bull. de Soland, 1869, p. 33. —— V. du Bois.

## Greslière (de la).

V. de la Tigeonière. — de Ramefort.

## Gresseau de la Fraignée.

*D'azur au chevron brisé d'or, accompagné de deux boucles en chef et un griffon aussi d'or en pointe.*

Mss. 993.

**Greteau**; — dont François, curé de Varennes-sous-Doué en 1698.

*De gueules à trois chiens d'argent courants l'un sur l'autre.*

D'Hozier, mss., p. 1016.


## Grevelais Chotard (de la).

*D'or à une croix pattée de gueules.*

D'Hozier, mss., p. 936. — V. Chotard.


## Grevelois (du).

V. Cheorcin.


## Grez (de).

V. Moreau. — du Grés.


## Grezigny (de).

V. de Charnières.


## Grezil.

*D'azur au chevron d'or accompagné de trois pommes d'or.*

Sceau. — Bull. de Soland, 1868, p. 33. — V. Gresil.


**Grezille** (de la) de la Tremblaye, — de Chemillé, — de Montaigne, — d'Ambillou ; — dont Geoffroy, chevalier d'Anjou en 1214.

*De gueules fretté d'argent de six pièces.*

Gohory, mss. 972, p. 53. — Mss. 703. — Armorial mss. de 1603, p. 27. — Roger, mss. 995, p. 3. — Gaignières, Armorial mss., p. 2. — Audouys. mss. 994, p. 79. — Gencien, mss. 996, p. 40. — Mss. 995, p. 85.

**Grezille** (le Chapitre de Notre-Dame-des-Vertus de la), fondé en 1455.

*De sable à trois fasces danchées par le bas d'or, et une Notre-Dame de Carnation brochant sur le tout, habillée de pourpre et d'azur, couronnée d'une couronne ducale d'or.*

D'Hozier, mss., p. 175.

## Grifferaies (des).

V. de Morant.

## Griffier (de) de Chazé-Henri.

*D'or à deux fasces d'azur accompagnées de neuf roses de gueules posées quatre, deux, trois.*

Audouys, mss. 994, p. 87. — Gencien, mss. 996, p. 39, d'après le Cartulaire de la Primaudière.

## Griffon (à la Romagne).

*D'argent à deux épées de gueules mises en sautoir.*

D'Hozier, mss., p. 1134.

## Grignan (de).

V. Adhémard.

## Grigné (de).

V. Cupif.

## Grignon (à Saumur).

*D'hermine à une fasce fuselée de gueules.*

D'Hozier, mss., p. 1011. — V. de Hillerin. — Jacquelot.

**Grignon** (de) de la Pelissonnière, — de la Foresterie,
— de Poussauge, — de la Vallière.

*De gueules à trois clefs d'or posées en pal, deux et une.*

Audouys, mss. 994, p. 79.

**Grimaldi**, des princes de Monaco ; — dont Jérôme,
cardinal, abbé de Saint-Florent de Saumur, 1655-1685.

*Fuselé d'argent et de gueules.*

Sceau, xvii⁰ siècle.

**Grimaudet** de la Roche-Bouet, — de Chaumont, —
de Chauvon, — de la Croiserie, — de la Bourgonnière, —
du Landrau, — de Gazon, — de la Lande, — de la Marche,
— de la Royrie ; — dont François, jurisconsulte et échevin
d'Angers, mort en 1580 ; Jean, argentier du roi de Navarre ;
François, conseiller d'État en 1645 ; Félix, conseiller général
de Maine-et-Loire en 1814 ; un général, ministre de la guerre
en 1877 ; Jean annobli en 1644 ; François, conseiller au
Parlement de Bretagne en 1617 ; et François, en 1649 ;
plusieurs chevaliers de Malte, xviii⁰ siècle.

*D'or à trois lions de gueules, armés, lampassés de même, deux
en chef et un en pointe.*

Gohory, mss. 972, p. 20. — Audouys, mss. 994, p. 79. —
Armorial mss. de Dumesnil, p. 15. — D'Hozier, mss., pp. 83, 87,
90, 147. — Mss. 993. — Mss. 995, p. 121. — Le mss. 439 dit :
*d'argent* au lieu *d'or.* — D'Hozier, mss., p. 690, donne aux seigneurs de Chauvon les armes suivantes :

*D'argent à une aigle à deux têtes de sable becquée et membrée de
gueules, surmontée d'un croissant de même.*

V. de la Croiserie.

**Grimault** de la Foucherie, — de Laigné.

*De gueules à trois fleurs de lis d'argent posées deux et une.*

Mss. 439. — D'Hozier, mss., p. 324. — V. Cossa.

## Grimemoire (de la).

*De... à trois croix pattées de...*

Armorial mss. de 1608, p. 27. — Roger, mss. 995, p. 18. — Gohory, mss. 972, p. 56.

## Grinelières (des).

V. de Clérembault.

## Gringuenière (de la).

V. de Launay.

## Gringuenière (des).

V. Richard.

## Grip (du).

V. de Tessé. — Sigonneau.

## Grippon (Louis), chanoine de Jarzé, en 1524.

*De... à... accompagné des trois clous de la Passion posés deux et un.*

Sculpt. Église de Jarzé, xvi° siècle.

## Grise (de la).

V. de la Cour.

## Grognet de Vassé, — de Monfouleur, — de Saint-Jean-sur-Mayenne, — de la Girardière, — de la Courbe; — dont Catherine, abbesse du Perray-aux-Nonains † en 1651.

*D'or à trois fasces d'azur.*

Audouys, mss. 994, p. 82. — V. Vassé.

## Groie (de la).

V. D'Allongny.


## Grois (de).

V. de Cossé.


## Groisardière (de la).

V. du Breil.


## Grolay (du).

V. Ogeron. — de Carion. — de Tillon.


## Grole (de la).

V. de Clérembault.


## Groleraye (de la) de Fougeray, — de Fougère.

*D'azur à deux léopards surmontés d'argent, à la bordure dentelée de gueules.*

Gohory, mss. 972. p. 81. — Armorial mss. de 1608, p. 28. — Audouys, mss. 994, p. 82. — Roger, mss. 995, p. 20. — Mss. 995, p. 106, dit : *bordure engrelée...*


## Grolleau (François), né à Chavagnes-les-Eaux (Maine-et-Loire) en 1828, évêque d'Évreux depuis le 17 mai 1870, ancien curé de Saint-Pierre de Saumur.

*De gueules à la croix ancrée d'or, accompagnée d'une clef et d'une houlette en sautoir la crosse et l'anneau en bas.*

Devise : *Pro Christo, ecclesia et grege.*

Couronne de marquis. L'écu accompagné d'une mitre précieuse à dextre et d'une crosse à senestre, et timbré d'un chapeau de sinople à quatre rangs de houppes.

Sceaux et imprimés officiels.

Grosbois de Soulaines, — du Poirier, — de Champigny-le-Sec.

*D'azur à une coquille d'argent, accompagnée de trois besans de même rangés en chef, et soutenue en pointe d'un triangle vuidé de sable enfermant un croissant d'argent.*

Carré de Busserolle, pp. 441, 1066. — Magny, Arm. de France 1874, p. 100. — Borel d'Hauterive, annuaire 1869, p. 148. — V. de Harlay.

## Grottes (des).

V. Jacob.

## Grouas (de la).

V. d'Allongny.

## Grougerie (de la).

V. Allaneau.

## Grouin (de).

V. Gillier.

## Groussardière (de la).

V. Saugeais.

## Groussinnière (de la).

V. Leroy. — de Quelenec. — Gaudicher.

## Groye (de la).

V. Ménard. — d'Allongny.

www.ingramcontent.com/pod-product-compliance
Lightning Source LLC
Chambersburg PA
CBHW052206270326
41931CB00011B/2244